Las milicias cristianas en la Guerra del Líbano

Auge y heroísmo (1975-1982)

Diego Urban Pardo

GALLAND BOOKS editorial
www.gallandbooks.com

© Diego Urban Pardo
© Galland Books S.L.N.E.

Título original: Las milicias cristianas en la Guerra del Líbano. Auge y heroísmo (1975-1982)
Primera edición: abril 2025
ISBN: 978–84-19469-83-0
Depósito legal: DL VA 139-2025
Diseño y maquetación: Boca Multimedia
Tratamiento de imágenes: Paco M. Queipo
Imprime: Rudelgraf
Impreso en España

A partir de 1975, el Líbano se convirtió en un Estado fallido y una sociedad desgarrada por una contienda irresoluble. Nadie podía decirlo años antes, cuando este pequeño país del Próximo Oriente era un modelo de desarrollo y estabilidad en el mundo árabe. La Guerra del Líbano o, más impropiamente Guerra Civil Libanesa, no fue una contienda lineal, sino una cadena de guerras intermitentes, en la que se sucedieron los conflictos de baja intensidad con contiendas convencionales y periodos de tregua y distensión. Es común fechar la guerra entre el 13 de abril de 1975 y el 13 de octubre de 1990, aunque hubo combates hasta 1991 para desarmar a las milicias y, en el Sur del Líbano, la contienda entre Hizbolá y el Ejército israelí y sus aliados del Ejército del Sur del Líbano se prolongó hasta el año 2000[1].

Un país peculiar

La calle Hamra, en el centro de Beirut, la milla de oro de la capital libanesa.

La República Libanesa ocupa, en su mayor parte, un territorio montañoso. Monte Líbano designa tanto a una cordillera como a la región central del país. Las estribaciones del Líbano discurren paralelas a la costa y descendiendo en altura conforme se va hacia el sur. Bajo las laderas orientales del Monte Líbano se extiende la altiplanicie de la Bekaa, donde nacen los principales ríos libaneses, el Orontes y el Litani, que, no obstante, circulan en sentidos opuestos. La cordillera del Antilíbano, de alturas más bajas que el Líbano, sirve de límite a la Bekaa y hace frontera con la vecina Siria.

Los valles altos de las montañas libanesas han sido los refugios ancestrales de los pueblos no asimilados al poder político de turno. Bizantinos, árabes, cruzados y otomanos ocuparon las ciudades asentadas en las fértiles llanuras de la costa, pero nunca llegaron a someter completamente las cabeceras de los abruptos valles. En estos se asentaron, principalmente, los drusos y los maronitas, seguidos más tarde,

1.- A esta guerra hemos dedicado un trabajo en esta colección: *El triunfo de Hizbolá. La Guerra del Sur del Líbano, 1967-2000*.

sobre todo en la región sureña, por los chiítas. Los habitantes de la Montaña eran aldeanos dedicados al cultivo de una superficie agrícola exigua y laboriosamente arrancada a los montes. Las ciudades costeras de Tiro, Sidón, Beirut y Trípoli, de origen fenicio, eran los históricos centros políticos y comerciales de la región. Tenían un amplio radio de influencia y estaban habitadas por musulmanes sunníes y ortodoxos griegos, dedicados a la administración, el comercio y las pequeñas industrias tradicionales.

La dicotomía social y económica entre la montaña libanesa y las ciudades del litoral no suponía una oposición radical entre cristianos y musulmanes. Los maronitas, drusos y chiítas de la montaña vivieron en simbiosis apenas interrumpida durante siglos, mientras los sunníes, judíos y ortodoxos de las ciudades tenían más afinidades entre ellos que con los rústicos habitantes del interior. El Líbano forma parte del mundo árabe y, como los países de su entorno, es un mosaico de razas y religiones. La lengua común es el árabe.

Mapa de las comunidades religiosas del Líbano.

El Líbano francés

La ocupación francesa de Siria y Líbano, tras el derrumbamiento otomano en la Gran Guerra, fue formalizada por la Sociedad de Naciones con la creación de los mandatos sirio-libaneses en 1922. El Gran Líbano fue creado en 1920, al reunir a los dos antiguos caimacamatos druso y maronita –el Pequeño Líbano– con la llanura de la Bekaa -granero del país- y las grandes ciudades sunníes de la costa (Trípoli, Sidón y Tiro). Francia había asumido un papel de protectora de los maronitas del Líbano desde tiempos de Luis XIV ante la Sublime Puerta y, convertida ahora en sucesora del Imperio Otomano, se apoyó firmemente en ellos para asentarse en la zona. Por su parte, los maronitas acogieron favorablemente una tutela francesa que les permitiría convertirse en la comunidad hegemónica en el Líbano y no verse reducidos nuevamente a una comunidad minoritaria. Sin embargo, el Líbano ampliado de 1920 incluía territorios que mermaban la abrumadora mayoría maronita en el Pequeño Líbano.

El Colegio Protestante Sirio, fundado a finales del siglo XIX por misioneros estadounidenses, fue el embrión de la prestigiosa Universidad Americana de Beirut.

Los suníes y ortodoxos de las ciudades de la costa se sentían doblemente frustrados, tanto por el fracaso de la unidad de los árabes en un mismo Estado tras la caída del Imperio Otomano como por la sustitución de éste por el Mandato francés sobre una proyectada República Libanesa con preponderancia política de los despreciados maronitas de la Montaña. Ni la Sociedad de Naciones ni la potencia mandataria consultaron a la población sobre sus preferencias políticas. Por otra parte, las nuevas fronteras y la capitalidad de Beirut –desembocadura de Monte Líbano– relegaron a las ciudades suníes de Tiro, Sidón y Trípoli. El régimen mandatario hizo grandes inversiones en Beirut, que ya era el puerto de Damasco, el punto de convergencia de las vías de comunicación del país y la sede de las dos primeras universidades libanesas (la Universidad de San José, católica, y la Universidad Americana, protestante). Las ventajas de los maronitas durante el régimen francés no son la única explicación de su auge social y político. En las últimas décadas del dominio turco, la Montaña libanesa había prosperado con el cultivo de la seda, que era exportada hacia Europa. La orientación del agro maronita a la exportación rompió los lazos feudales en el seno de la comunidad y creó una burguesía cristiana estrechamente asociada con el comercio con Occidente. Las inversiones francesas ya habían comenzado antes de 1920, pero se multiplicaron durante el Mandato, al extenderse a los servicios públicos, la banca y la naciente industria ligera local (construcción, textil, alimentación). La burguesía maronita, a través de la educación técnica y superior, y sus conexiones con Occidente –amplificadas por la inmigración, mayoritariamente cristiana–, demostró un dinamismo superior al de otras comunidades. Los maronitas y otros cristianos no sólo fueron mayoría en la gendarmería, las unidades militares indígenas y el cuerpo administrativo del Mandato, sino también en las profesiones liberales (abogados, profesores, periodistas) que iban configurando la clase media.

Uno de los símbolos del desarrollo económico y político libanés: la plaza Assour (hoy Riad al Sohl), con la calle de los bancos (derecha) y del parlamento (izquierda).

La importancia social de los católicos –los maronitas y la pequeña comunidad greco-católica–, estaba apoyada en su posición

Cartel del Partido Nacional Socialista Sirio, fundado por el libanés Antún Saade. El PNSS representaba el nacionalismo pansirio, que aspiraba a unificar Siria, Líbano, Palestina, Irak y Jordania. Del fascismo inicial evolucionó hacia la izquierda revolucionaria y su base social era la comunidad grecoortodoxa de Siria y Líbano.

Los grandes hoteles de Beirut fueron el centro turístico del mundo árabe durante años y, posteriormente, escenario de la guerra civil.

demográfica. En el censo de 1922, los maronitas constituían el 32,7% de la población libanesa, que, sumado al de otras denominaciones cristianas, resultaba en un porcentaje ligeramente superior a la mitad de la población. Diez años más tarde, el censo de 1932 mostró el avance porcentual de la población musulmana, que alcanzó las 386 500 almas frente a las 395 466 de los cristianos. Esta diferencia en términos relativos, de poco más de un punto (50,57% cristianos frente a 49,42 musulmanes) constituyó la base del reparto comunitario de las magistraturas del Estado y los empleos públicos. Esta tendencia al equilibrio primero, y la superioridad de los musulmanes después, no sólo se verificaría a largo plazo en el aspecto demográfico, sino en muchos otros ámbitos, como veremos más adelante.

El Mandato francés del Líbano logró una estabilidad, en comparación con el de Siria, también por la ascensión social de chiítas y drusos, tradicionalmente discriminados o postergados durante los siglos de supremacía política suní. Estas comunidades irían identificándose crecientemente con el nacionalismo árabe, pero eran refractarias a una dirección suní del islam libanés.

Entre 1926 y 1943 tendrían lugar los principales hitos sobre los que se construyó la República Libanesa: en 1926 fue promulgada la Constitución y la ley electoral, en 1932 se produjo el censo sobre el que se configuraría la representación comunitaria y, finalmente, en 1943 tuvo lugar el Pacto Nacional. La Constitución libanesa de 1926 reconocía absoluta libertad de cultos y el estatuto personal de los libaneses (artículo 9); otorgaba la iniciativa legislativa al presidente de la República y al parlamento (artículo 18); establecía la elección del presidente por mayoría de dos tercios de los diputados en primera votación, y mayoría absoluta en la segunda (artículo 49) y el reparto comunitario de los empleos públicos y de miembros del gobierno (artículo 95).

La derrota francesa de 1940 espoleó a los nacionalistas de todas las tendencias. Los británicos y franceses libres arrebataron por las armas Siria y Líbano a las autoridades de Vichy e intentaron asegurarse la lealtad de la población local con la promesa de la independencia. La nueva situación favoreció un entendimiento entre cristianos y musulmanes libaneses, que se formalizaría en el Pacto Nacional de 1943.

Éste daría forma definitiva al reparto comunitario que ya se venía ensayando durante el Mandato. La Cámara de Diputados quedaría distribuida en una proporción de seis diputados cristianos por cada cinco musulmanes. El presidente de la República sería un maronita; el presidente del Consejo –primer ministro–, un suní, y la Presidencia del Parlamento quedaría reservada para un chiíta. Las demás minorías tendrían puestos garantizados en el gobierno, las direcciones generales y cargos subalternos. Esta distribución fue respetada incluso durante la guerra civil.

Desfile de las Falanges Libanesas en los años cuarenta. Las Falanges (Kataeb), fundadas en 1936 por Pierre Gemayel, fueron el partido de masas de la comunidad cristiana. Parcialmente imitadoras del fascismo, defendían el sistema liberal, el nacionalismo libanés y la unidad entre cristianos y musulmanes en un Líbano árabe e independiente.

Más controversia suscitaron otros puntos del Pacto Nacional sobre la identidad y orientación del Líbano. El nuevo Estado adoptó oficiosamente la fórmula ni Occidente, ni Panarabismo: los musulmanes debían renunciar a integrar el país en un gran estado musulmán o árabe, mientras los cristianos abandonarían sus aspiraciones prooccidentales. Con un Estado que renunciaba, como principio constituyente, a las diferentes orientaciones nacionales de las comunidades que lo formaban, el Líbano debía convertirse en una especie de república mercantil y multicultural. Las élites libanesas se beneficiarían de su papel de puente entre el mundo árabe y Occidente, pero la falta de una identificación nacional y la percepción de grandes diferencias entre comunidades y regiones en los beneficios aportados por el sistema libanés sería una fuente de inestabilidad interna cuando el Próximo Oriente comenzara a sufrir las turbulencias de la Guerra Fría y el conflicto árabe-israelí.

La independencia

El Líbano obtuvo su independencia en 1943, pero no sería efectiva hasta la evacuación de las tropas francesas en 1946. En el plano internacional, la independencia dio al pequeño país la oportunidad de convertirse en uno de los fundadores de la Liga de Estados Árabes. La Liga Árabe fue diseñada inicialmente como un instrumento para mantener la influencia británica en la región al término de la Segunda Guerra Mundial, a través de regímenes liberales y anglófilos. Sin embargo, la creación de un Estado judío en la región y la derrota árabe en la primera guerra árabe-israelí (1948) modificó radicalmente el escenario político regional. En los años posteriores, como consecuencia de

La Revolución Egipcia galvanizó el nacionalismo árabe, laico y progresista, en torno al coronel Naser y sus aspiraciones de unidad árabe.

la nakba, el Desastre de 1948, una sucesión de golpes de Estado en Siria (1949), Egipto (1952), Irak (1958) y Libia (1969) desplazó a los principales países árabes hacia regímenes militares, socialistas y nacionalistas. La fragmentación de la región fue ahondada por los dos bloques que se configuraban en torno a la URSS y Estados Unidos.

Los quince primeros años de la independencia libanesa fueron una etapa de relativa estabilidad. Durante la presidencia de Bishara Juri (1943-1952), un maronita liberal y partidario de la Liga Árabe, el Líbano efectuó una discreta intervención en la Guerra de 1948, de la que el pequeño ejército libanés salió airoso. Juri fue salpicado por varios escándalos de corrupción y su intento de enmendar la Constitución para presentarse a una nueva reelección unió a la oposición. El presidente ordenó al comandante en jefe del Ejército, el prestigioso general Fuad Chehab, reprimir la huelga general organizada por la oposición, pero éste se negó. Es el primer golpe de Estado por omisión[2], que provocará la caída de Khoury y su sustitución por Camille Chamún.

BTR-152 del Ejército libanés. Las fuerzas armadas libanesas se mantuvieron al margen de la política de su país, al contrario que las de sus vecinos. Aunque los cristianos controlaban la cadena de mando, la situación fue equilibrándose paulatinamente en favor de los musulmanes.

El mandato presidencial de Chamún (1952-1958) fue un tiempo de desarrollo, pero las revoluciones militares de Egipto e Irak polarizaron a la opinión pública libanesa. La Guerra de Suez de 1956 entre Egipto de un lado, e Israel, Francia y Gran Bretaña de otro, había transferido a Nasser la simpatía entusiástica de muchos libaneses, tanto cristianos como musulmanes. Chamún era partidario de Occidente y decidido anticomunista; en 1957 suscribió la Doctrina Eisenhower, lo que le hizo ser acusado de romper el espíritu del Pacto Nacional. Sus maniobras para asegurarse un sistema electoral favorable a sus intereses y la infiltración de guerrilleros nasseristas tras la unificación de Siria y Egipto en la República Árabe

Unida en 1958 produjeron un conflicto civil entre julio y octubre. El presidente Chamún ordenó al Ejército intervenir contra las guerrillas nasseristas, apoyadas por la población musulmana, pero una vez más, el general Chehab se negó a hacerlo. El segundo golpe de Estado por omisión de Chehab y la renuncia de Chamún impidió una ruptura total entre cristianos y musulmanes[3]. El desembarco de los marines norteamericanos en Beirut y las elec-

Camille Chamún intentó un viraje prooccidental y antinaserista, tanto en su país como en el mundo árabe, durante su mandato presidencial (1952-1958). Como jefe del Partido Nacional Liberal, propugnaba un Líbano fuertemente identificado con la democracia parlamentaria y enemigo del comunismo.

2.- Así lo llaman Walid Khalidi y Elizabeth Picard.

3.- La guerra había afectado a algunas zonas del país, especialmente en el Norte, y había producido unos 1500 muertos.

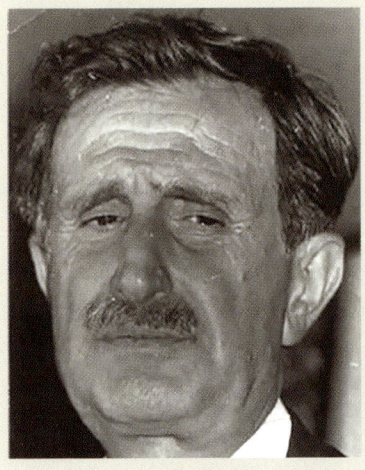

Kamal Jumblat, líder de la comunidad drusa y del Partido Socialista Progresista, representaba la tendencia socialista y naserista que se levantó en armas contra el presidente Chamún en la crisis de 1958.

ciones anticipadas, que auparon a Chehab a la presidencia, apaciguaron los ánimos y la violencia finalizó con el lema institucional de ni vencedores ni vencidos.

La crisis había puesto a prueba el ensayo de república mercantil en un entorno regional difícil para las posturas intermedias. Los nacionalismos árabes se estaban configurando como regímenes autoritarios en los grandes países de la zona, como respuesta a la debilidad de sus estados frente al desafío israelí. Las palabras movilización, militancia y revolución comenzaron a sonar con fuerza en un Líbano que despuntaba en desarrollo social y económico. Sin embargo, el Líbano tenía dos importantes anticuerpos que le salvaron de caer en la inestabilidad de los países árabes: en general, su población cristiana adoptó una postura defensiva frente a la oleada panarabista; por otra parte, la unidad del Ejército libanés frente a las turbulencias políticas fue un factor de estabilidad fundamental.

El chehabismo (1958-1970)

Después de la renuncia de Chamún a un nuevo mandato, la Cámara de Diputados eligió al general Fuad Chehab como presidente de la República. Chehab había obtenido un apoyo casi unánime tras la crisis de 1958, incluido el de los dos bandos enfrentados: la derecha cristiana de Gemayel y Chamún, y la izquierda musulmana de Jumblat. Su mandato (1958-1964) tuvo como objetivo la construcción de un Estado libanés fuerte y moderno. Las divisiones sectarias y políticas debían ser superadas por la creación de instituciones públicas sólidas y el desarrollo económico y social. Chehab socavó el poder de los viejos caciques comunitarios que dominaban la política libanesa –los za'im– y puso al frente de la administración a tecnócratas y profesionales. En una década, Beirut se convertiría en el gran centro financiero del Próximo Oriente y en la capital económica y cultural del mundo árabe. El llamado milagro libanés convirtió al pequeño país en la economía más dinámica de la región.

La plaza de los Mártires, llena de tiendas y contigua al barrio de los zocos, fue uno de los lugares más animados del centro de Beirut de preguerra.

Chehab mantuvo la tradicional política de deliberada debilidad del Ejército[4], pero, en cambio, reforzó la seguridad mediante la creación de un servicio de Inteligencia –el Deuxième Bureau– y de una potente fuerza de policía armada –las Fuerzas de Seguridad Interior– que asegurara la defensa del Estado ante una eventual crisis. Asimismo, su gobierno renovó la administración con una nueva generación de técnicos y funcionarios procedentes de la clase media, no de las grandes familias que habían dominado tradicionalmente la política libanesa. También se preocupó por crear infraestructuras y servicios sociales que redujeran las desigualdades entre regiones, clases y comunidades. En política exterior, Chehab respaldó al Egipto de Nasser y se distanció de Siria, que había introducido guerrilleros durante la crisis de 1958. Como contrapartida, el presidente egipcio renunció a apoyar a sus partidarios libaneses en cualquier nueva intentona de derrocar el régimen. Eso no significó, no obstante, que dejara de interferir en los asuntos internos del Líbano, principalmente en la cuestión palestina.

La cordillera del Líbano era un destino de esquí para la burguesía del Próximo Oriente. La estación de esquí de Mzaar, en Uyun al Siman.

El sucesor de Chehab, Charles Hilú, continuó su política. En la Guerra de los Seis Días permaneció neutral, aunque apoyó diplomáticamente al bloque árabe y autorizó acciones de las guerrillas palestinas desde territorio libanés. Durante su mandato (1964-1970) se produjo la primera acción de los fedayín (guerrilleros) palestinos, a través de la frontera con Israel.

Desde su limitada participación en la Guerra de 1948, el Líbano había conseguido sortear los cambios de régimen y las guerras que azotaban la región. Con su prosperidad y sus florecientes instituciones, el país de los cedros parecía ser una excepción en el mundo

El general-presidente Fuad Chehab gozaba de un merecido prestigio. Logró la unidad de derecha e izquierda, cristianos y musulmanes, en un mandato reformista y modernizador (1958-1964).

4.- En el Líbano anterior a la guerra civil, tanto musulmanes como cristianos estaban de acuerdo en que el Ejército fuera débil y pequeño.

árabe. El desarrollo libanés creó una pujante burguesía que contrastaba con la pobreza de amplios sectores de la población, sobre todo de los pequeños agricultores empobrecidos, que se veían obligados a emigrar a los suburbios de las ciudades. La pobreza afectaba a todas las comunidades, pero era algo más acusada entre los musulmanes, lo que facilitaba un sentimiento de agravio.

En la guerra de 1948 se inició el flujo de refugiados palestinos, que llegarían a alcanzar un porcentaje importante en la población libanesa. Los libaneses de todos

El presidente Charles Hilú, en una imagen con el presidente egipcio Naser. Durante su mandato (1964-1970), Hilú intentó seguir la política neutralista, liberal y modernizadora de Chehab, pero la llegada de las guerrillas palestinas al territorio libanés desequilibró el sistema.

los partidos y comunidades habían acogido a los refugiados y mostraron al principio unánime simpatía por su causa. La OLP fue al principio un instrumento de la Liga Árabe para la lucha contra Israel, pero la tutela, básicamente egipcia, decayó tras la derrota árabe de 1967. En la IV y V reunión del Consejo Nacional Palestino (1968 y 1969), la nueva dirección del movimiento impuso una estrategia que cambiaría radicalmente el conflicto árabe-israelí. Las facciones que componían la OLP crearon organizaciones de fedayín que empleaban tácticas de guerrilla y terrorismo. La principal era al-Fatah, cuyo líder, Yaser Arafat, se convirtió en Secretario General de la OLP. La Carta Nacional Palestina fue enmendada con el rechazo de toda subordinación a cualquier régimen árabe, la afirmación del movimiento palestino como vanguardia de la revolución árabe y de la primacía de la violencia como única vía de acción y, lo más importante, las facciones legitimaron la acción subversiva contra los regímenes que fueran un obstáculo para la OLP[5]. Estos cambios producirían conflictos con los estados que servían de santuario a los palestinos[6].

En 1970 tuvo lugar el Septiembre Negro, primera parte de la guerra civil jordana, la primera guerra entre un estado árabe –Jordania– y la OLP. En los dos conflictos sucesivos, en 1970 y 1971, la OLP fue expulsada del reino hachemita por el ejército del rey

---

5.- «La Revolución palestina … se convertirá necesariamente en el fermento que hará madurar una situación revolucionaria en el mundo árabe (…). Constituye, de hecho, el foco de la rebelión contra instituciones económicas, ideológicas y políticas superadas», Resolución del Comité Central de al-Fatah, 1 de enero de 1969, en GARAUDY, R., Palestina. Tierra de los mensajes divinos, p. 407, Madrid, 1987.

6.- Nos referimos a Jordania y Líbano. La debilidad relativa de ambos estados afectaba tanto a su política exterior como a la defensa de su soberanía en el interior frente a un competidor, presunto aliado, bien armado y con buenas conexiones exteriores. Siria y Egipto, los otros dos países que compartían frontera con Israel y poseían un número importante de refugiados palestinos, eran estados fuertes que podían permitirse una política de hegemonía sobre la OLP y la prohibición de actividades guerrilleras en sus fronteras. Siria y Egipto, junto a Irak, tenían el control del ejército regular palestino, el Ejército Palestino de Liberación (EPL).

La cuestión palestina en el Líbano

La derrota hizo que los árabes aceptaran finalmente el plan de partición, pero los israelíes
se negaron a reconocer un Estado árabe en
Palestina según el Plan de Partición de la ONU
y a cederle los territorios que habían ocupado
en 1948, de los que habían expulsado a más de
700 000 palestinos en una premeditada operación de limpieza étnica (1). Unos 100 000
refugiados palestinos cruzaron la frontera libanesa en 1948. Estos primeros refugiados dis-
frutaron del estatus de residentes temporales
con todos sus derechos legales.
Sin embargo, la Guerra de 1967
y la ocupación israelí de Gaza y
Cisjordania produjo una nueva
oleada que dobló el número de
refugiados. Los refugiados de la
segunda oleada no estaban re-
gistrados por la UNWRA (*United
Nations Relief and Works Agency
for Palestine Refugees in the Near
East*) ni por el Ministerio del Interior libanés. Eran considerados
apátridas, obligados a trabajar
sin contrato y sin derecho a la
sanidad y educación pública. Los
refugiados se concentrarían en
dieciséis campamentos de tamaño desigual,
emplazados en los suburbios de las principales
ciudades libanesas y con la siguiente población,
según cifras oficiales de 1968, aunque la población real podría doblar esta cantidad: Mar Ilyas
(889), Shatila (4892), Burj al Barajne (7189), Tal
al-Zaatar (7403), Jisr al-Basha (1236), Dubaye
(2448), Nahr al-Bared (10 076), Badawi (5445),
Ain al-Hilwe (17 029), Mie-Mie (1871), Burj al-
Shimali (7159), Rashadiye (13 165), Nabatiye
(3937) y Wavell (3937). La población palestina
en el Líbano superaba en mucho las cifras oficiales: 300 000 en 1976 y 375 000 en 1982, según Rex Brynen. Cuando la OLP se transformó
en un movimiento de guerrilleros convirtió los
campamentos de refugiados en bases de fedayín. La situación estratégica de éstas permitió
que las facciones armadas palestinas estuvie-

ran en disposición de dominar el territorio y
convertirse en un Estado de facto en competi-
ción con el Estado libanés. Pierre Gemayel defi-
nió los campamentos de refugiados palestinos,
convertidos en bases guerrilleras, como «una
soga en torno a nuestro cuello». Los palestinos
gozaban al principio de un gran respaldo de la
población libanesa, pero las represalias israelíes
y el creciente poder de los fedayín cambiarían
la postura inicial de una porción importante de
la opinión pública, sobre todo de los cristianos.

Los gobiernos chehabistas cerraron el conflicto civil de 1958 con la renuncia a buscar aliados en Occidente a cambio de una política
proárabe que era, en realidad, ponerse bajo la
protección de Egipto. Nasser mantenía su pre-
eminencia moral en el mundo árabe gracias a
la dirección egipcia de la lucha contra Israel. La
consecuencia de esta premisa era que Egipto
debía proteger a la OLP. Las ventajas del Sur del
Líbano y Jordania como campos de batalla de la
OLP eran muy útiles para Egipto para mantener
la presión sobre Israel y consolidar su liderazgo árabe. Después de la expulsión de la OLP
de Jordania en 1970-71, el débil Líbano era la
opción óptima para una nueva base guerrillera.
Las implicaciones de esta política, que el débil
y aislado Estado libanés no pudo afrontar, con-
ducirían a la guerra civil.

Hussein. Siria y Egipto no permitieron acciones guerrilleras a través de sus fronteras a partir de 1970 y 1971, respectivamente; por otra parte, vigilaban estrechamente cualquier eventual actividad subversiva palestina y sus regímenes no daban libre acceso a la prensa internacional, que era un objetivo fundamental de la estrategia palestina. Así pues, la OLP trasladó su centro operativo a Beirut, aunque, nominalmente, su cuartel general estuviera en Damasco.

La crisis permanente

Mapa campamentos palestinos en el Líbano

La conversión del Líbano en base de la OLP fue el factor decisivo para agudizar las tensiones internas, romper la unidad del país, paralizar al Estado y conducir al país a la guerra. Con eso no estamos señalando una causa única ni obviamos la existencia de innegables factores concurrentes, internos y singulares. Sin embargo, no hay duda de que la cuestión palestina fue el catalizador. Nadie se opuso en un principio a la acción guerrillera en suelo libanés, pero la presencia de los fedayín fue fundamental para sumir al país en un clima de tensión a partir de 1967-68. Introdujo al Líbano en un conflicto árabe-israelí que había alterado completamente al mundo árabe, exacerbó las divisiones políticas y distorsionó gravemente el normal funcionamiento de un Estado libanés en proceso de reasentamiento.

En la Guerra de los Seis Días de 1967, los fedayín atacaron Israel a través de la frontera libanesa como parte de la coalición árabe. Sin embargo, mientras en los demás frentes cesó la actividad bélica, continuó en el Sur del Líbano en la nueva forma de guerra popular: los milicianos continuaron hostigando incesantemente el territorio hebreo mediante infiltraciones guerrilleras, fuego de artillería, emboscadas y ataques terroristas contra civiles. La superioridad militar de Israel se tradujo en represalias devastadoras. De esta manera, la Guerra de los Seis Días y el triunfo de las organizaciones guerrilleras en la dirección de la OLP encendieron una guerra que duró más de veinte años en el sur del Líbano[7]. En 1967-68, las milicias palestinas se adueñaron de los campamentos de refugiados y construyeron bases guerrilleras en el Sur. Con ello, acabó el periodo de pacífico entendimiento entre Israel y Líbano desde el armisticio de 1948.

La idea de que el Estado libanés podía permanecer al margen de un conflicto que se libraba en su territorio era ilusoria. Esto se hizo evidente cuando el conflicto –hasta entonces limitado en el Sur– alcanzó la capital libanesa por una espectacular operación de sabotaje israelí en 1968. Un comando hebreo se infiltró en el aeropuerto de Beirut, destruyó una treintena de aviones de la compañía libanesa Middle East Airlines y desapareció sin que las fuerzas de seguridad libanesas pudieran impedirlo. Era evidente que la represalia israelí no estaba dirigida contra los fedayín, sino contra el Estado libanés.

Guerrilleros palestinos entrenándose en el Sur del Líbano.

La indignación que causó una acción terrorista tan perfectamente ejecutada recayó sobre las fuerzas de seguridad libanesas y el Deuxième Bureau. Los diputados musulmanes protestaron y el primer ministro, Abdalá Yafi, dimitió entre acusaciones al Ejército y las fuerzas de seguridad, a las que llegó a señalarse como cómplices de Israel. Estas acusaciones se amplificaron con la denuncia, por parte de la izquierda y los diputados musulmanes, del abandono del Sur del Líbano por el Estado y la desigualdad social y política entre cristianos y musulmanes. Las suspicacias tensionaron el ambiente y provocaran la siguiente crisis.

El punto de ruptura entre el Líbano feliz de los sesenta y el Líbano en ruinas de la década siguiente fue la intifada (revuelta) libanesa de 1969. Fue una oleada de disturbios que sumió al país en el caos durante siete meses. Comenzó el 23 de abril, cuando un grupo de palestinos armados e izquierdistas libaneses asaltaron el ayuntamiento de Sidón. Los tumultos se extendieron. El primer ministro, Rashid Karame, se enfrentó al presidente, dimitió y bloqueó la formación de un nuevo gobierno junto a los diputados musulmanes en tanto no se diera plena libertad de movimientos a los fedayín. A la falta de gobierno se añadió una fuerte campaña exterior contra el Estado libanés y el presidente Hilú en el mundo árabe por parte de la OLP y los regímenes árabes socialistas.

7.- Como dato indicativo de la magnitud de la contienda, entre 1968 y 1974 se produjeron 880 muertos en el Sur del Líbano por ataques israelíes. Entre 25.000 y 30.000 personas abandonaron la región para escapar del conflicto en el mismo periodo.

La cuestión palestina se había convertido en el principal asunto de la política libanesa. El centenar de muertos que causó la intifada, el aislamiento diplomático del Líbano y los choques armados entre el Ejército y los fedayín causaron una fuerte conmoción en la opinión conservadora. Por su parte, la intifada de 1969 movilizó a las pequeñas facciones de izquierda radical, que se unificaron en el Movimiento Nacional Libanés (MNL).

Miembros de las Fuerzas de Seguridad Interior en Beirut durante la *intifada* (revuelta) de 1969.

Ante la impotencia de las fuerzas de seguridad libanesas para restablecer el orden y evitar la guerra civil, el presidente Hilú tuvo que ceder. En octubre fue firmado el Acuerdo de El Cairo, por el comandante en jefe del Ejército libanés, el general maronita Emile Bustani, y Yaser Arafat, ya Secretario General de la OLP. Ante todo, fue obra de la diplomacia egipcia, que presionó a ambas partes para alcanzar un compromiso definitivo sobre las relaciones entre el Estado libanés y la OLP. El acuerdo fue ratificado posteriormente por la Cámara de Diputados, pero lejos de resolver el problema, sancionaba la renuncia del Estado a su soberanía. Según sus términos, el Estado libanés reconocía a la OLP como igual, la reconocía como autoridad suprema de los refugiados palestinos en el Líbano, le entregaba la soberanía de facto sobre los campamentos de refugiados y le daba plena libertad para usar el territorio libanés para atacar Israel. A cambio, la OLP reconocía la soberanía del Estado libanés sobre su territorio. Un acuerdo de esta naturaleza dejaba la seguridad libanesa en manos de la buena voluntad de las partes y de la capacidad de mediación de los ministros propalestinos en ulteriores conflictos que, como era previsible, no se hicieron esperar. En noviembre, los ánimos se calmaron tras la designación de un nuevo gobierno en el que figuraba como ministro de Interior Kamal Jumblat, dirigente del MNL y vehemente defensor de la OLP.

Manifestación propalestina en 1973. Las organizaciones palestinas catalizaron a la izquierda libanesa.

La intifada de 1969 y el auge del MNL produjo varios efectos adversos para la estabilidad del Líbano: en primer lugar, radicalizó y quebró la unidad entre conservadores cristianos e izquierdistas musulmanes conseguida por el chehabismo; produjo la alianza entre el MNL y la OLP, que a su vez impulsó la radicalización de la oligarquía musulmana. En tercer lugar, produjo la crisis del chehabismo y su derrota en las elecciones de 1970.

La militarización de los partidos

La emergencia en el suelo libanés de un poder político y militar alternativo al del Estado quebrantó moralmente el programa chehabista. Las costuras tejidas laboriosamente por la administración de Chehab y Hilú para unificar al país en un Estado-nación moderno, superador de sus divisiones comunitarias, sociales y políticas, fueron rompiéndose. Esto se verificó en primer lugar en el nivel político. La apelación a los instintos comunitarios más primarios suscitados por la cuestión palestina llevó al poder a la candidatura presidencial de Soleimán Franyie en 1970. Que la candidatura de los políticos tradicionales –la zu´ama– se impusiera sobre el eficiente tecnócrata chehabista, Elias Sarkis, muestra las limitaciones de la modernización del Líbano.

El presidente Soleimán Franyie, candidato de la vieja élite desplazada por el chehabismo, desmontó el aparato de seguridad del Estado construido durante los mandatos anteriores.

Milicianas falangistas haciendo prácticas de tiro en una imagen de 1978. Muchos jóvenes de los partidos derechistas adquirieron formación militar básica antes de la guerra.

Franyie debilitó deliberadamente a las instituciones sospechosas de chehabismo, como el Deuxième Bureau y las Fuerzas de Seguridad Interior, lo cual significaba desarmar al Estado. El instinto de defensa comunitario, mucho más primario, ganó terreno frente a una perspectiva política nacional. Uno de los primeros síntomas del derrumbe fue la reactivación de las milicias de los partidos tradicionales o el surgimiento de otras. En el campo cristiano, espoleados por el conflicto entre el Ejército jordano y la OLP, un grupo de jóvenes oficiales conservadores del Ejército formó una asociación secreta, la Organización Libanesa (al-Tanzim). El Tanzim comenzó a formar clandestinamente a millares de jóvenes cristianos en el manejo de las armas y a coordinarse con las milicias derechistas para una eventual colisión armada con la OLP o la izquierda libanesa. Lo mismo hicieron los principales partidos cristianos, las Falanges Libanesas y el Partido Nacional Liberal, que reactivaron sus milicias respectivas: las Fuerzas Regulares Falangistas (1969) y los Tigres (1971). También surgieron otras de menor entidad, como los Guardianes

de los Cedros –del Partido de Renovación Libanesa– o la pequeña y peculiar unidad constituida por monjes de los monasterios maronitas. Una jovencísima y entusiástica generación de militantes derechistas ingresó en las milicias. El propio presidente Franyie, cacique de las ciudades gemelas de Zghorta y Ehden, formó una milicia que puso a las órdenes de su hijo Dany, la Brigada Marada[8].

En la izquierda hubo un proceso paralelo. En los sectores musulmanes, la presencia habitual de fedayín armados estimuló la militancia revolucionaria. Las facciones palestinas intentaron reclutar libaneses en sus filas y contribuyeron a la formación de las milicias de sus aliados locales, principalmente del MNL. Estos grupos, a veces con sólo unas decenas de hombres armados, al efectuar constantes actos violentos contra las autoridades libanesas, crearon un clima de inseguridad, exacerbado por la extraterritorialidad que dio el Acuerdo de El Cairo a los campamentos palestinos, convertidos en santuario de todo tipo de actividades delictivas. Esta situación contrastaba con la reducida fuerza electoral de los partidos cuyas milicias se enfrentarían en la guerra[9].

La militarización de los cuadros juveniles de la derecha cristiana era la respuesta radical al desafío de la presencia militar palestina en suelo libanés y consecuencia del escepticismo respecto a la capacidad del Estado de restablecer el orden. Si el ejército libanés era incapaz de garantizar la seguridad y el Estado no era soberano, el movimiento instintivo de defensa se activaba en torno a la comunidad étnico-religiosa. Ésta era la lógica que llevaría a la nueva generación de la derecha cristiana al enfrentamiento directo con las facciones palestinas y revolucionarias libanesas. El sentimiento de peligro que se generalizó entre los cristianos durante la intifada de 1969 hizo que los palestinos fueran percibidos como un poderoso enemigo, apo-

Cartel de las Falanges Libanesas. Pese a que su implantación era débil fuera de la gobernación de Monte Líbano y su base social casi exclusivamente cristiana, el partido falangista era el mejor organizado del país a principios de los setenta.

8.- Los hombres armados de Franyie fueron los protagonistas de la dudosa elección de éste como presidente de la República. Ante la pasividad de la gendarmería, se desplegaron en el exterior del Parlamento libanés y dispararon al aire de forma intimidatoria mientras los diputados elegían al nuevo Jefe de Estado. Franyie salió elegido en segunda votación por escaso margen sobre la candidatura chehabista de Elias Sarkis.

9.- En las elecciones parlamentarias de 1972, las Falanges Libanesas obtuvieron siete actas; el Partido Nacional Liberal, 11; el Partido Socialista Progresista, cinco; la Unión de Fuerzas del Pueblo Trabajador, una; y el Partido de la Vanguardia Árabe Socialista, una. Este último, sección libanesa del Baaz iraquí, es un ejemplo de cómo las fuerzas radicales rebasaron a los políticos tradicionales, al superar en votos al cacique sunní de Trípoli, Rashid Karame.

yado por los regímenes árabes socialistas, que amenazaba desde el interior la independencia libanesa y la comunidad cristiana.

En el año 1972 se produjo un recrudecimiento de las hostilidades en el Sur del Líbano. Los israelíes comenzaron a ensayar una estrategia de destrucción sistemática de infraestructuras, cosechas y viviendas, sin discriminar objetivos libaneses o palestinos. Las treguas, tan habituales en la contienda libanesa, no satisfacían a nadie: la OLP no renunciaba al santuario libanés; la izquierda exigía que el Ejército libanés se sumara a la guerra popular; la derecha demandaba el fin de la actividad guerrillera o la expulsión de la OLP; y los israelíes confiaban únicamente en su superioridad militar.

Guerrilleros palestinos en el Sur del Líbano.

El asesinato de los atletas israelíes en las Olimpiadas de Munich por terroristas palestinos provocó una nueva represalia: el 10 de abril de 1973, un comando mandado por el futuro primer ministro hebreo Ehud Barak, desembarcó en las playas de Beirut y se infiltró en el centro de la capital. Los israelíes mataron a tres dirigentes de al-Fatah y se retiraron como habían venido. El atentado fue un escándalo que provocó otro enfrentamiento entre diputados sunníes y cristianos.

En mayo, dos soldados libaneses fueron secuestrados por los fedayín y el aeropuerto de Beirut fue bombardeado. Se declaró el estado de emergencia y la Fuerza Aérea Libanesa, mayoritariamente maronita, bombardeó las posiciones de los milicianos palestinos en el campamento de Burj al-Barajne. Sin embargo, el hecho más grave fue la implicación siria en la crisis libanesa. Tras un paréntesis de quince años, desde la crisis de 1958, el régimen baazista de Damasco volvió a infiltrar elementos armados en territorio libanés, en este caso pertenecientes al Ejército Palestino de Liberación, que en muchos casos eran militares sirios con uniforme palestino. La política siria de interferencia en los asuntos internos del Líbano con diferentes coartadas –esta vez con la de la defensa de la causa palestina– sería una constante durante los siguientes treinta años.

El cristiano palestino George Habash, jefe del marxista Frente Popular para la Liberación de Palestina (FPLP), rival tradicional de al-Fatah de Arafat, propugnaba una acción terrorista sin limitaciones y una alianza revolucionaria con la izquierda libanesa.

El primer ministro Hafiz logró un nuevo acuerdo, los Protocolos de Melkaart, que detuvo la crisis. No obstante, ninguno de los problemas que la originaron había sido solucionado. Pierre Gemayel había sido favorable a los Acuerdos de El Cairo, pero ahora exigió un referéndum nacional para modificarlo. La OLP comenzó a fortificar los campamentos de refugiados y a entrenar a las milicias del MNL.

En el verano de 1973 se reunieron delegaciones de al-Fatah y las Falanges Libanesas para buscar una distensión. Bashir Gemayel boicoteó la negociación auspiciada por su padre y los contactos fueron abandonados. Era un síntoma de cómo la generación juvenil de la derecha cristiana estaba sobrepasando a los viejos dirigentes y había abandonado sus axiomas. Los jóvenes de las Falanges, el Partido Nacional Liberal o el Partido de la Renovación Libanesa iban más allá del anticomunismo y el antinasserismo tradicionales de la derecha libanesa, querían un nuevo Líbano con una fuerte identidad nacional sin los compromisos árabes de la generación anterior, contemplaban a los palestinos como el enemigo mortal de la nación y, más importante aún, estaban dispuestos a tomar las armas.

La OLP logró nuevos éxitos políticos: en la cumbre de Rabat de 1974, los miembros de la Liga Árabe reconocieron a la OLP como único representante del pueblo palestino[10]. Pocos días después, por iniciativa del presidente libanés Franyie, la ONU también reconoció a la OLP y la admitió en la Asamblea General como observadora. El auge exterior de la OLP se estrelló con la negativa de Estados Unidos e Israel a reconocer cualquier interlocución palestina en el conflicto, lo cual equivalía a hacer imposible un acuerdo en tanto existiera la OLP. Kissinger quería que los asuntos palestinos fueran negociados a través del rey Hussein de Jordania, su aliado árabe en la región. El Estado de Israel no quería de ningún modo la reconstrucción del Estado árabe de Palestina de 1948: en ese año se lo había repartido con Egipto, Siria y Jordania, y en 1967 les arrebató su parte, que podía ser utilizada como prenda para futuras negociaciones. Por otra parte, en el seno de la OLP también surgió la oposición a la hegemonía de al-Fatah, con el trasfondo ideológico del rechazo a cualquier diálogo con Israel, por cuanto implicaba el reconocimiento de facto del Estado judío. Esta oposición se organizó en el Frente del Rechazo Palestino, formado por el Frente Popular para la Liberación de Palestina (FPLP), la prosiria al-Saiqa y otras facciones menores.

En los dos años siguientes, mientras la guerra del Sur aumentaba su virulencia, en el resto del Líbano la tensa calma era inte-

El campamento de refugiados palestinos de Nabatiye, destruido por un bombardeo israelí en 1974. La violencia entre israelíes y palestinos en suelo libanés fue en aumento y produjo un éxodo en la población libanesa del Sur.

10.- Aunque Jordania firmó bajo presión la declaración que reconocía a la OLP como única representante del pueblo palestino, no renunció a la reivindicación sobre Cisjordania hasta 1988.

rrumpida continuamente por estallidos de violencia. En julio de 1974 y febrero de 1975, hubo enfrentamientos armados entre falangistas de una parte y palestinos e izquierdistas libaneses de otra.

El estallido de la Guerra de los Dos años

El 13 de abril tuvo lugar un doble incidente en Ain al-Rumane, barrio oriental de Beirut, de mayoría cristiana. Unos pistoleros dispararon contra un grupo de cristianos que salía de un bautizo, matando a cuatro personas, entre ellas Joseph Abu Assi, falangista y padre del niño bautizado, y a un guardaespaldas de Pierre Gemayel, quien también asistía al acto litúrgico. Horas después, un autobús que conducía a varios civiles y guerrilleros palestinos pasó por el mismo lugar. Un grupo de milicianos falangistas que se encontraba allí detuvo el vehículo y asesinó a todos sus ocupantes, 28 personas en total.

Al caer la noche, los vecindarios habitados por cristianos y palestinos intercambiaron disparos de mortero y ráfagas de ametralladora. Los asesinatos de Ain al-Rumane han quedado para la posteridad como el inicio de la Guerra de los Dos Años, el primero de los conflictos que forman la Guerra del Líbano. La percepción inicial era que se trataba de otra de las crisis que azotaban al país desde 1969.

Desde abril hasta septiembre, la guerra estuvo limitada a Beirut. Palestinos e izquierdistas libaneses, de una parte, y milicianos derechistas, de otra, se enzarzaron en incidentes violentos, apostando francotiradores, realizando atentados en las zonas controladas por el enemigo, o penetrando en ellas para secuestrar, asesinar y sembrar el terror. Los milicianos de ambos bandos comenzaron a realizar controles en calles y carreteras, secuestrando o ejecutando in situ a cualquier sospechoso. El Ejército y las Fuerzas de Seguridad Interior estaban operativas, pero apenas interfirieron. A pesar de la violencia creciente −2300 muertos en los tres primeros meses de la guerra[11]−, la guerra civil todavía era eminentemente política. Aún no había un dominio efectivo del territorio por las milicias, ni una separación clara entre zonas beligerantes. Las treguas eran continuas, pero no eran respetadas.

El atentado contra Pierre Gemayel y la masacre del autobús fueron los detonantes de la Guerra del Líbano. Imagen del autobús, con adhesivos del Frente Democrático para la Liberación de Palestina.

La estrategia del MNL, apoyada por la OLP y la oligarquía suní reunida tras el primer ministro, Rashid Sohl, consistía en aislar a las Falanges Libanesas. Sin embargo, esta política fracasó cuando, en

---

11.- 2314 muertos desde el 13 de abril hasta el 6 de julio según el diario An Anwar, citado por Edgar O'Ballance (O'BALLANCE, E., Civil War in Lebanon, 1975-1992, p. 12).

mayo, la dimisión de los ministros cristianos hizo caer al gobierno. El presidente Franyié fracasó igualmente al intentar restablecer el orden mediante el nombramiento de un gabinete de militares, a cuyo frente se puso al veterano brigadier sunní Nureddin Rifai.

Siria presionó fuertemente al presidente libanés y el nuevo gobierno cayó a los tres días. La caída del gobierno de Rifai suponía otro fracaso, esta vez de

Las Fuerzas de Seguridad Interior se vieron impotentes para detener la violencia de las milicias y sus filas fueron mermadas por las deserciones.

las Falanges, cuya estrategia buscaba la intervención del Ejército.

El nuevo primer ministro, Rashid Karame, anunció el 30 de junio la formación de un Gobierno de Unidad Nacional, en el que no había ningún miembro del MNL o las Falanges, pero incluía como ministro del Interior, tras reconciliarse con él, al expresidente Camille Chamún, con quien no cruzaba una palabra desde la crisis de 1958. El nuevo gobierno logró congelar el conflicto –en el que habían muerto más de dos mil personas– al conseguir una tregua el 2 de julio. Karame ordenó a la Policía y las Fuerzas de Seguridad Interior salir de sus cuarteles y desplegarse en los barrios de la capital. El Primer Ministro llegó a un acuerdo con Arafat para que cooperara y la policía libanesa patrulló en el sector occidental de Beirut, de mayoría musulmana, junto a un cuerpo de policía militar palestina creada al efecto. Los bombardeos finalizaron, pero no los incesantes secuestros, atracos y asesinatos anónimos.

Los partidos de la derecha cristiana denunciaron públicamente que los secuestros y asesinatos diarios[12] eran parte de una acción terrorista para exacerbar los odios sectarios y desestabilizar al Líbano. Asimismo, denunciaron la infiltración en el Líbano de elementos armados extranjeros y las maniobras de los regímenes árabes para sacar provecho del caos. Las tensiones estaban tan a flor de piel, que una disputa callejera podía degenerar en un incidente intercomunitario, como ocurrió en Zahle y Trípoli. En la primera, una pelea entre un cristiano y un musulmán fue la chispa que encendió el enfrentamiento armado de civiles de ambas comunidades, al que se unieron los milicianos palestinos del

Civiles asesinados en Beirut. Los asesinatos y represalias contra civiles crearon una situación de caos e inseguridad.

campamento de Baalbek. Los musulmanes destruyeron los campos de las cercanías de Zahle y pusieron sitio a la ciudad. En Trípoli, en la primera semana de septiembre, una pelea entre un conductor musulmán y otro cristiano provocó el saqueo de los comercios cristianos y

12.- La primera semana de julio murieron 254 personas y 980 fueron heridas en Beirut.

un cruce de venganzas entre ambas comunidades. El Primer Ministro Karame se negó a enviar al Ejército y, en su lugar, pidió a Arafat que enviara a regulares palestinos del cercano campamento de refugiados de Badawi y Nahr al-Bared para apaciguar los ánimos. En vez de hacerlo, realizaron saqueos y asesinatos en varias poblaciones cristianas y se unieron a las milicias musulmanas que se dirigían contra la ciudad cristiana de Zghorta. El hecho de que Trípoli y Zghorta fueran feudos del Primer Ministro y el presidente de la República, respectivamente, y que sus partidarios se enfrentaran con las armas mostraba lo explosivo de la situación. Finalmente, el Primer Ministro accedió al envío del Ejército para ocupar una zona de separación entre Trípoli y Zghorta, a cambio de la destitución de su comandante en jefe, el general derechista Iskander Ghanim. La medida no podía satisfacer a nadie. El MNL proclamó una huelga general contra el uso del Ejército y varios pistoleros izquierdistas murieron en un tiroteo con los militares. La violencia volvió a Beirut y las fuerzas del Estado se vieron rebasadas.

La intervención diplomática siria

Libaneses y palestinos llamaron a muchas puertas en el exterior, en busca de ayuda diplomática. Egipto había sido el protector del Líbano desde la guerra de 1958, pero en septiembre de 1975 firmó el Acuerdo Sinaí II con Israel que ponía de relieve que iba a una paz por separado. El régimen sirio aprovechó la ocasión para llevar la iniciativa diplomática y arrebatar a Egipto su influencia.

El presidente sirio, Hafez Asad.

Siria era una autocracia baazista, hermética y poco atractiva para su vecino libanés. Las relaciones entre ambos países eran frías, si no tirantes, desde 1958. El régimen de Damasco se consideraba la cabeza de la nación árabe. Su presidente, Hafez Asad, era un oficial de la Fuerza Aérea que había establecido un régimen personal tras eliminar a sus rivales. Desde el principio, el régimen de Asad no ocultó su objetivo de convertirse en el poder hegemónico[13] mediante un acuerdo entre las partes que le entregaría la tutela del Líbano y la OLP tras la guerra. A fin de incrementar la presión, desde el verano de 1975 se fueron infiltrando desde Siria un número indeterminado de regulares de las brigadas del Ejército Palestino de Liberación bajo control sirio, a los que se sumó medio centenar de miembros de al-Saiqa, la milicia palestina prosiria.

13.- Kamal Jumblat cuenta cómo el presidente sirio expresó sin ambages su política libanesa en su última reunión: «Para mí, ésta es una oportunidad histórica de reorientar a los maronitas hacia Siria, para ganar su confianza, para hacerles entender que ni Francia ni Occidente son ya su protección» (JOUMBLATT, K., I speak for Lebanon, pp. 81-81, Zed Press, Londres, 1981).

Estos milicianos, bien armados y entrenados por oficiales sirios, y en muchos casos militares de esta nacionalidad, se convirtieron en un peón del régimen de Damasco en el interior del Líbano.

En cuanto a la ofensiva diplomática del ministro de Exteriores y viceprimer ministro sirio, Abdul Khalim Khadam, obtuvo un éxito con la visita del Primer Ministro Karame a Damasco, acompañado de Arafat. El presidente sirio Hafez Assad abroncó a Arafat y despidió a la comitiva palestino-libanesa convertido en el protector de los musulmanes libaneses. Posteriormente, la visita a Damasco del propio presidente libanés –amigo personal de Asad– reforzó el papel arbitral de Siria en el Líbano, toda vez que desde 1958 no se reunían ambos jefes de Estado.

En los días siguientes, el Primer Ministro Karame y Arafat presionaron a las milicias musulmanas para que se retiraran de las calles, pero Jumblat se negó a hacerlo mientras no se atendieran sus demandas de reforma del sistema político: desarme de las milicias derechistas, abolición total de la representación comunitaria, reconocimiento del Líbano como país árabe y libertad de acción para las guerrillas palestinas. La violencia y la anarquía reinaban hasta el punto de que el Parlamento no podía continuar con sus sesiones ordinarias.

Combates en Beirut

La batalla de los zocos, en septiembre de 1975, destruyó el centro comercial y financiero de Beirut.

El 16 de septiembre, Pierre Gemayel lanzó un ultimátum al gobierno, en el que declaraba que, si no intervenía el Ejército para

restablecer el orden público, la milicia falangista lanzaría todas sus fuerzas para hacerlo. En los días siguientes, los falangistas desplegaron sus fuerzas y bombardearon el centro comercial de Beirut, el

barrio de los zocos, junto a la plaza de los Mártires, con la pretensión de que el recrudecimiento de la lucha obligara al Primer Ministro a ordenar una intervención militar, pero la cerrada negativa de éste hizo fracasar su estrategia.

A medida que la guerra aumentaba su intensidad, se encontraron con el problema estratégico de que la capital libanesa estaba cercada por los campamentos palestinos y los barrios dominados por las milicias izquierdistas. Tanto las líneas de

Intercambio de disparos a través de la Línea Verde.

abastecimiento de las milicias derechistas en Beirut como el sector oriental de la capital, mayoritariamente cristiano, estaban amenazados. El recrudecimiento de la guerra les haría replantearse sus objetivos estratégicos y emplear sus fuerzas en romper el cerco de Beirut Este y asegurar la zona.

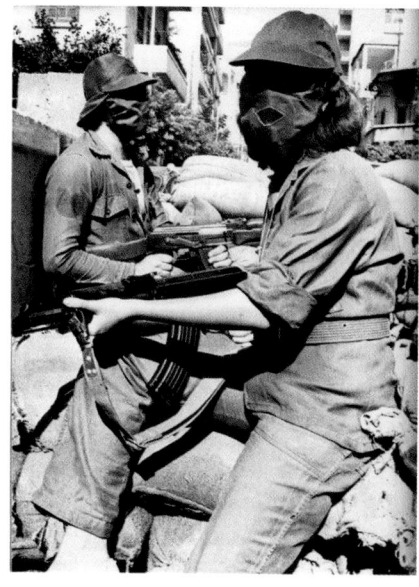

El 24 de septiembre de 1975, el gobierno anunció la creación del Comité de Diálogo Nacional, formado por dirigentes de todas las comunidades. El Comité no tardó en mostrar su ineficacia: logró varias treguas que apenas duraron unos días. Los partidos que se oponían al MNL y a la presencia de la OLP en el Líbano formaron una alianza en enero de 1976: el Frente de la Libertad y de los Hombres del Líbano, más conocido como Frente Libanés (FL). A partir de 1976, sus milicias comenzaron a conocerse como Fuerzas Libanesas (FF. LL.). Camille Chamún, jefe del Partido Nacional Liberal (PNL), fue elegido presidente del Frente Libanés y Pierre Gemayel, vicepresidente. Se le unieron otros grupos menores, como la Organización Libanesa, la Orden de Monjes Maronitas, el Movimiento de la Juventud Libanesa, los Guardianes de los Cedros y la Brigada Marada de Tony Franyie, hijo del presidente.

Las Fuerzas Regulares Falangistas formaron una unidad de combatientes femeninas, las *Nizamiyet*, aquí enmascaradas.

Las milicias revolucionarias, principalmente los Murabitun y los comunistas, penetraron en el distrito central, concretamente en la zona de Kantari. El corazón financiero y comercial del país, con toda su carga simbólica para los revolucionarios, se convirtió en el frente de los mercados (al-Aswaq), el principal escenario de los combates callejeros. En octubre, los falangistas fueron desalojados del estratégico rascacielos Murr, aún en construcción. Desde allí, los izquierdistas comenzaron a disparar contra los vecindarios cristianos. Para detener el avance izquier-

dista, una docena de tigres, la milicia del Partido Nacional Liberal, ocupó el lujoso Hotel Saint Georges, mientras los falangistas tomaron el control del Phoenicia y el Holiday Inn. Durante meses retendrían estas posiciones en lo que se conoció como la batalla de los hoteles.

Las milicias palestinas también contaron con mujeres en sus filas.

Al mismo tiempo, las milicias de ambos lados comenzaron a construir barricadas y a establecer puestos de control permanentes para impedir incursiones del enemigo en sus barrios. Beirut quedó partido en dos sectores –el occidental, musulmán; y el oriental, cristiano, también conocido como Ashrafíe– por una zona de nadie en la que la vegetación comenzó a crecer sobre las ruinas y que, por esta razón, comenzaría a llamarse línea verde. Estos elementos –los milicianos, los checkpoints y las ruinas del Beirut dividido– serían la estampa de la contienda libanesa.

El cerco de Beirut oriental

La guerra entró en su fase álgida a partir del 6 de diciembre de 1975, la fecha fatídica conocida como Sábado Negro, una masacre indiscriminada de musulmanes respondida con otra de cristianos[14]. No fue el primer incidente sectario, pero sí un punto de no retorno que hizo que un conflicto eminentemente político adquiriera las brutales formas de la guerra étnica. El Sábado Negro tuvo como primera consecuencia el recru-

Milicianos falangistas detienen a civiles chiítas durante el Sábado Negro (6 de diciembre de 1975).

14.- Según cuenta Joseph Saade en su libro Victime et borreau, su hijo fue secuestrado, junto a cuatro amigos, por pistoleros chiítas que vendían rehenes cristianos a los palestinos. Saade y un grupo de falangistas instalaron un control y comenzaron a secuestrar chiítas con el fin de canjearlos, pero cuando recibieron la noticia del hallazgo de los cadáveres descuartizados, los rehenes fueron asesinados. Las milicias izquierdistas hicieron lo propio con civiles cristianos. 200 musulmanes y 100 cristianos fueron asesinados en mutua represalia.

decimiento de los combates y destruyó la confianza en el apaciguamiento en el que estaban trabajando tanto el presidente como el Primer Ministro tras dejar a un lado sus diferencias. Por otro lado, el miedo a las masacres sectarias hizo que millares de musulmanes y cristianos dejaran sus hogares y buscaran refugio en las zonas habitadas mayoritariamente por sus correligionarios. También provocó una paulatina deserción de muchos cristianos que, en un principio, militaban en el MNL. Asimismo, exacerbó la línea dura derechista que propugnaba una ofensiva contra los campamentos palestinos en torno a Beirut oriental[15].

Izquierdistas con un sacerdote detenido. Las masacres de Sábado Negro despertaron los fantasmas de la violencia sectaria en un conflicto que, hasta la fecha, había sido fundamentalmente político.

Los palestinos, que hasta aquel momento habían evitado intervenir abiertamente, bloquearon los accesos a la capital. Los derechistas respondieron con un despliegue en torno a los campamentos de Jisr al-Basha, Tell al-Zaatar y Karantina el 4 de enero de 1976. Asimismo, instalaron controles esporádicos en la carretera Beirut-Sidón, a la altura de Damur, para obstaculizar las comunicaciones entre Beirut occidental y las guerrillas palestinas del Sur.

El 9 de enero, milicianos palestinos y extranjeros llegados desde Siria atacaron las aisladas ciudades cristianas de Damur, Saadiyat y Chiyeh, que fueron tomadas once días después. En los días siguientes, los derechistas respondieron con una ofensiva para asegurar el acceso a Beirut oriental desde el Este. Primero tomaron el pequeño campamento de Dbaye (14 de enero de 1976) y después asaltaron Karantina (18 de enero), que cayó tres días más tarde, tras la fiera resistencia de los fedayín en la fábrica Sleep Confort. Nuevas matanzas de civiles en Damur y Karantina tuvieron un enorme impacto moral[16].

Un falangista enmascarado vigila a dos rehenes musulmanes. La búsqueda, secuestro e intercambio de rehenes es una actividad de retaguardia tan deleznable como habitual en las guerras étnicas.

15.- Aunque la masacre del Sábado Negro fue un acto de venganza irracional, los hechos revelan la tensión entre los milicianos más belicosos y los mandos de la milicia falangista. William Hawi, jefe de las Fuerzas Regulares Falangistas, se había presentado en el puerto para detener la masacre, pero fue recibido a tiros.

16.- Robert Fisk y otros señalan a la masacre de los cristianos de Damur y Chiyah por parte de las milicias palestinas como una venganza de la matanza de palestinos y musulmanes de Karantina por parte de las milicias cristianas. Lo cierto es que los palestinos comenzaron a atacar Damur el 9 y

Las masacres de Damur y Karantina, contra cristianos y musulmanes, respectivamente, abrieron una brecha entre las comunidades libanesas. Esta familia cristiana no logró escapar de Damur.

asesinaron a cincuenta personas en la noche del 13 de enero, días antes del asalto falangista a Karantina. Karantina era un barrio de chabolas en el que vivían inmigrantes kurdos, palestinos y chiítas del Sur –el más tarde secretario general de Hizbolá, Hassan Nasralá, pasó allí su infancia–. Los francotiradores palestinos disparaban desde el barrio contra los vehículos que entraban en la capital por el puente del río Beirut y las Fuerzas de Seguridad Interior debían cubrir a los que pasaban con sus blindados. Los falangistas permitieron a la prensa extranjera cubrir el asalto a Karantina, del que hay abundantes imágenes. Las mujeres y niños fueron expulsados; los varones, fusilados. Las cifras de muertos oscilan entre los 500 y los 1500. En cuanto a la masacre de Damur y Chiyah -con medio millar de ejecutados, aproximadamente-, no se respetó sexo ni edad, aunque la mayor parte de la población –7000 personas, incluido Dany Chamún, hijo del expresidente Camille Chamún– pudo ser evacuada por mar.

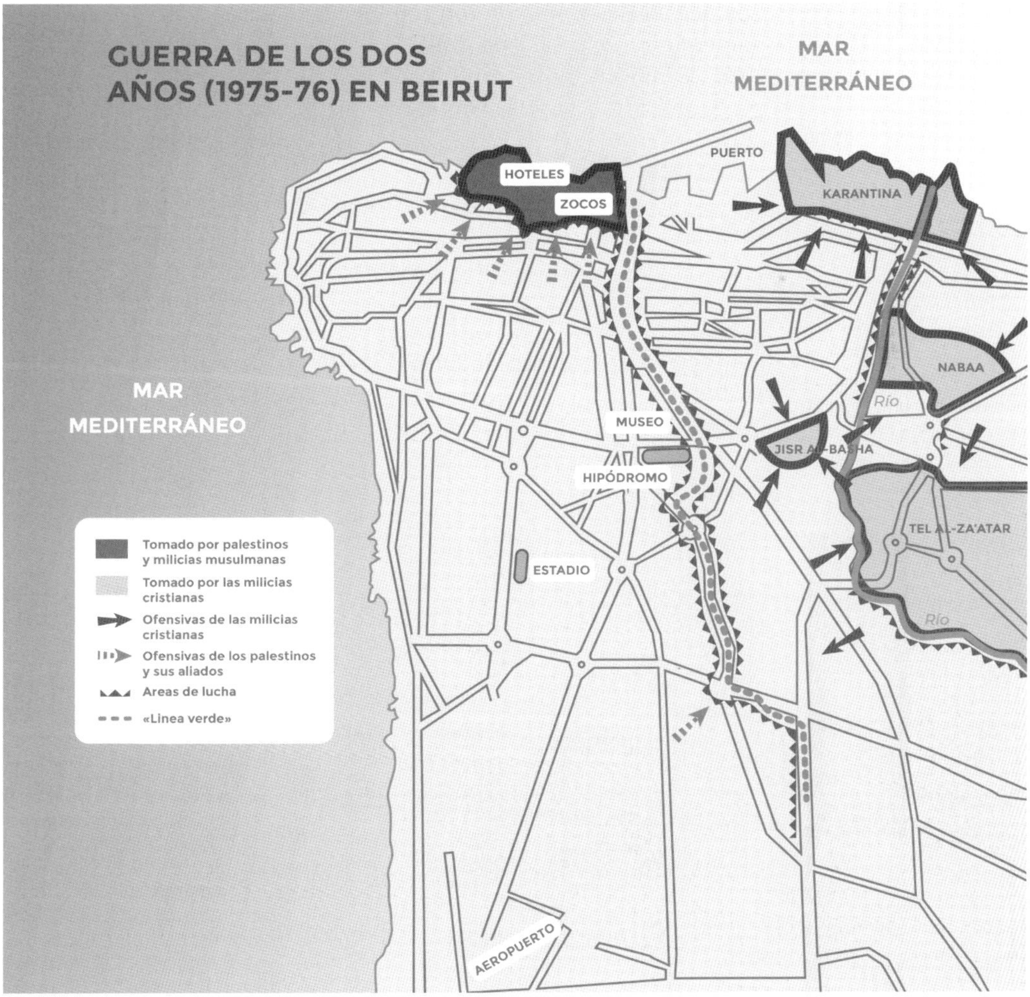

GUERRA DE LOS DOS AÑOS (1975-76) EN BEIRUT

MAR MEDITERRÁNEO

MAR MEDITERRÁNEO

PUERTO

HOTELES
ZOCOS

KARANTINA

NABAA

MUSEO

Río

JISR AL-BASHA

HIPÓDROMO

TEL AL-ZA'ATAR

ESTADIO

Río

AEROPUERTO

- Tomado por palestinos y milicias musulmanas
- Tomado por las milicias cristianas
- Ofensivas de las milicias cristianas
- Ofensivas de los palestinos y sus aliados
- Areas de lucha
- «Línea verde»

En el barrio beirutí de Karantina, la población musulmana fue expulsada o ase-
sinada.

Los líderes tradicionales musulmanes y el MNL pidieron ayuda a Siria.

El presidente sirio decidió reequilibrar la situación mediante el envío de la brigada Yarmuk –unos 3000 soldados– del Ejército Palestino de Liberación, nominalmente a las órdenes de la OLP, pero en la práctica dependientes del ejército sirio. Aunque la mayor parte de la unidad quedó estacionada en la Bekaa, su presencia permitió a Arafat trasladar a Beirut a parte de sus fuerzas desplegadas en el Sur para aumentar su presión sobre los cristianos.

En febrero, el presidente Franyié hizo público el llamado Documento Constitucional, un programa de reforma política que debía poner fin a la guerra. El documento, apoyado por el ministro de Exteriores sirio, recogía algunas de las demandas musulmanas, pero fue rechazado categóricamente por el MNL de Jumblat, quien defendió «cambiar el sistema en el marco de una revolución total»[17]. La negativa de las milicias revolucionarias a la solución política propuesta por la diplomacia siria elevó la tensión con el presidente Assad, a lo que se sumó la participación palestino-izquierdista en la disolución del ejército libanés y los intentos de derrocar al presidente Franyié, principal valedor de la pax siriana.

La disolución del Ejército

El pequeño Ejército libanés
se había mantenido al margen de la guerra, pero a
principios de 1976, la mayor parte de sus efectivos
desertó o se unió a los
beligerantes.

El Ejército libanés se había mantenido unido hasta enero de 1976, con apenas un 5% de deserciones individuales. Sin embargo, el recrudecimiento de las hostilidades cambió la situación en poco tiempo. El 21 de enero se produjo la sublevación del teniente Ahmed Jatib en el cuartel de Rashaya, en el Sur. Los rebeldes, militares musulmanes, se autodenominaron Ejército Árabe Libanés (EAL). Con la ayuda de la OLP y el MNL ocuparon los cuarteles y arsenales del Ejército libanés en la Bekaa y Trípoli.

17.- KHALIDI, W., Conflict and violence in Lebanon, p. 54, Harvard University Center for International Affairs, 1979. En realidad, el Documento Constitucional provocó una escisión en el MNL, con la formación de un Frente Nacional en apoyo de una solución política al conflicto libanés, al que se unieron el chiíta Movimiento de los Desheredados (AMAL) y grupos exMNL como la nasserista Unión de Fuerzas del Pueblo Trabajador y el sector prosirio del Partido Nacionalista Social Sirio (PNSS – Comité de Urgencia).

El 11 de marzo se produjo otra rebelión en el seno del Ejército, esta vez a cargo del brigadier suní Ahdab, al mando de apenas un millar de soldados de la guarnición de Beirut. Custodiado por milicianos palestinos, Ahdab ocupó las emisoras de radio y televisión pública libanesa y exigió la dimisión del presidente Franyié. El golpe de Estado televisivo no prosperó y tanto los diputados cristianos como los sectores derechistas del Ejército apoyaron al presidente Franyié. En las semanas posteriores, el ejército libanés se evaporó.

La mayor parte de sus 19 000 efectivos desertó, mientras el resto se unió a las milicias o formó un grupo propio[18].

El Holiday Inn (derecha) en la fase de apogeo de la batalla de los hoteles.

La ofensiva palestino-izquierdista

El 16 de marzo, Arafat se reunió con el presidente sirio Assad, quien le exigió romper con Jumblat. El líder palestino no se dejó intimidar y arguyó que la OLP se limitaba a defender los campamentos palestinos. A su regreso, las milicias palestino-izquierdistas emprendieron una ofensiva en cuatro frentes: en el centro de Beirut, en la Montaña, en el Norte y en los campamentos palestinos de Beirut oriental. La abierta implicación de Arafat en la guerra hizo posible la unidad palestina y la reconciliación con George Habash, jefe del FPLP y del Frente Palestino del Rechazo.

Cartel izquierdista exaltando la caída del «símbolo del fascismo», el hotel Holiday Inn. La derrota de los cristianos en la batalla de los hoteles supuso su expulsión definitiva del sector occidental de Beirut.

La ofensiva en el centro de Beirut dio lugar a la fase final de la batalla de los hoteles. Los falangistas habían sido desalojados del St. Georges y el Phoenicia, pero retenían el inmenso Holiday Inn. La entrada en combate de los comandos palestinos y los blindados del EAL terminaron con la definitiva expulsión de los falangistas del sector el 22 de marzo, tras la caída del Holiday Inn. Ante la amenaza de que los revolucionarios penetraran en Beirut oriental, las tropas libanesas del cuartel de Fayadiye acudieron en ayuda de los falangistas. Los cristianos se replegaron a una línea de barricadas construidas a toda prisa en el sector portuario y lograron estabilizar la situación.

18.- El 75% de los militares libaneses se marchó a su casa y no quiso participar en la guerra, mientras el resto permaneció en los cuarteles sin intervenir en la lucha o se unió a las milicias (BARAK, O., The Lebanese Army. A national institution in a divided society, p. 113, State University of New York, Albany, 2009.

La ofensiva de la Montaña[19] se produjo en varios puntos. Algunas poblaciones cristianas de las laderas al sur de la capital, en torno a la estratégica carretera Beirut-Damasco, fueron ocupadas por los revolucionarios, en un intento por flanquear Beirut oriental. Sin embargo, los falangistas lograron detener el avance izquierdista tras una semana de combates en torno a la localidad de Kahaleh.

Otro de los objetivos era alcanzar el Palacio Presidencial de Baabda para derrocar o detener al Jefe del Estado libanés. La milicia palestina satélite de Siria, al-Saiqa, recibió orden de Damasco de desplegarse en torno a la sede presidencial para evitar que Franyié cayera en manos de los revolucionarios. El 25, la artillería del EAL abrió fuego contra el Palacio y el presidente huyó al interior de Monte Líbano.

La ofensiva palestino-izquierdista desde Trípoli fue detenida en Chekka por un aluvión de voluntarios cristianos que descendieron desde las poblaciones cristianas del interior.

Más afortunada resultó la ofensiva palestino-izquierdista en el interior del reducto cristiano. Desde la carretera Beirut-Damasco, los revolucionarios penetraron en las desguarnecidas poblaciones montañesas y formaron una peligrosa cuña en el corazón del territorio maronita. El bombardeo de Bikfaya –la ciudad de los Gemayel– por los revolucionarios desde la cercana Dhour el Choueir – patria de Antún Saadeh, fundador del Partido Nacional Socialista Sirio– tuvo un gran significado moral y propagandístico. El estratega de la ofensiva, Salah Khalaf, alias Abu Iyad, declaró que: «el camino de Palestina pasaba por Aintura y el mismo Junie», es decir, por la conquista del reducto cristiano y la derrota total de la derecha libanesa. Este extremo contradecía la supuesta autolimitación palestina a la defensa de sus campamentos de refugiados y era la puerta abierta a una intervención israelí, que Siria quería evitar a toda costa. Por si fuera poco, los rebeldes del EAL, apoyados por Arafat, intentaron tomar la base aérea de Rayak para recibir armas desde Libia e Irak. La intromisión de libios e iraquíes en favor de la

Milicianos con la bandera de las Falanges Libanesas y militares cristianos en la contraofensiva que hizo retroceder a los izquierdistas hasta Trípoli.

19.- La Montaña era el nombre genérico de la región central del país, ocupada por las estribaciones de Monte Líbano, que no es un monte, sino una cordillera. La ofensiva de la Montaña fue el intento de las fuerzas palestino-izquierdistas de penetrar en esta región, verdadero corazón del Líbano cristiano.

Militares rebeldes del Ejército Árabe Libanés (EAL).

alianza OLP-MNL-EAL era un desafío que los sirios no iban a tolerar[20].

El nerviosismo de Asad iba en aumento. La partición del Líbano en dos estados, que tan inconvenientemente recordaba a la de Palestina, un cuarto de siglo antes, tomaba forma tras la desintegración del ejército y el intento palestino-izquierdista de decapitar al Estado con la eliminación del presidente libanés. No en vano, el ejército y la presidencia de la República representaban la supervivencia del Estado y la unidad nacional. Pero, ante todo, Asad temía una intervención israelí u occidental que destruyera sus planes. Mientras el presidente francés Giscard d'Estaing declaró el 20 su disposición a enviar tropas, Asad exigía una tregua a las partes. Arafat se mostró favorable, mientras Kamal Jumblat declaró el 26 de marzo que su objetivo era una «victoria total» y una «solución militar» del conflicto.

Pierre Gemayel ordenó la movilización general de todos los cristianos en edad militar para alistarse en la milicia falangista. Las Falanges declararon haber puesto sobre las armas a 18 000 hombres. Aunque la cifra sea exagerada, lograron movilizar a un buen número de voluntarios. Sin embargo, la situación militar del Frente Libanés era lo suficientemente preocupante para que sus líderes se decidieran a pedir ayuda a los israelíes. Tanto los contactos como los envíos puntuales de pequeñas partidas de armas y municiones, iniciados en

La alianza entre las milicias palestinas, izquierdistas y los militares musulmanes sublevados: de derecha a izquierda, el teniente Ahmed Jatib –jefe del Ejército Árabe Libanés (EAL)–, Yaser Arafat –secretario general de la OLP–, George Habash (FPLP) y un oficial del EAL.

20.- Karim Pakraduni cuenta en uno de sus libros la versión –posiblemente, la más veraz– que Elias Sarkis, Presidente libanés entre 1976 y 1982, le dio de la reunión. Assad dijo que «le expuse (a Jumblat) que estábamos frente a un complot destinado a partir el Líbano y a debilitar la Resistencia palestina. Él se mostró de acuerdo. Le expliqué que el mejor medio de asegurar el éxito de este complot era la continuación de los combates, y que él tenía que detenerlos para hacerlo fracasar (…) Sin embargo, Jumblat recusó esta evidencia y me pidió que le dejara el tiempo necesario –un máximo de dos semanas– para vencer a los aislacionistas. Me negué en nombre del islam y de la ética revolucionaria y progresista, poniéndole en guardia contra la tentación de una solución militar. Le expliqué la amplitud del desastre que supondría la intervención de Israel para salvar a los árabes, concretamente a los cristianos libaneses, y de la amenaza que supondría para otros árabes, los palestino-progresistas. Esa no era la opinión de Jumblat. Él creyó que le estaba robando su victoria. Estaba sediento de sangre y de poder» (PAKRADOUNI, K., La paix manquée. Le mandat de Elias Sarkis (1976-1982), p. 25, Éditions FMA, Beirut, 1988.

septiembre de 1975, fueron incrementándose en la primavera de 1976[21]. La ayuda israelí a los cristianos fue clandestina y conducida por algunos oficiales del Mossad y el Ministerio de Defensa que habían comprendido su potencial de defensa avanzada de Israel.

Las tentativas de Siria para disuadir a los palestino-izquierdistas estaban agotándose. El 27 de marzo se produjo una turbulenta reunión en Damasco entre Hafez Asad y Kamal Jumblat. El jefe del MNL rechazó categóricamente las exigencias del Presidente sirio de poner fin a la guerra y la ruptura fue un hecho[22]. El 16 de abril, en otra reunión con Arafat, Asad exigió romper con el MNL y el EAL y salir de la guerra. Arafat no sólo ignoró la exigencia, sino que boicoteó la elección, el 9 de mayo, del candidato presidencial apoyado por Siria, Elias Sarkis. Ahora bien, la ruptura definitiva se produjo cuando el MNL, la OLP y el EAL anunciaron la creación de las Fuerzas Unidas el 12 de mayo. La unión de palestinos, izquierdistas y militares libaneses sublevados convenció a Asad de que debía intervenir en el Líbano antes de que lo hicieran los israelíes.

Los dirigentes del Frente Libanés: los veteranos Camille Chamún (Partido Nacional Liberal, a la derecha) y Pierre Gemayel (Falanges Libanesas, en el centro); a la izquierda, el líder en ascenso, Bashir Gemayel (Falanges Libanesas). Detrás, dos milicianos falangistas en uniforme de gala.

La intervención siria

Asad había enviado 9000 soldados sirios al Líbano en la primavera de 1976. A partir del 1 de junio, 12 000 más se les unieron con el pretexto de proteger dos aldeas cristianas y fueron en aumento, hasta alcanzar unos 30 000 efectivos. Las Fuerzas Unidas opusieron una enconada resistencia en Sidón, pero no pudieron detener el avance sirio. Los combates suscitaron críticas contra Siria por parte de los gobiernos socialistas árabes y de su propia aliada, la URSS. Arafat había restablecido sus contactos con el presidente egipcio Sadat, rotos desde el Acuerdo Sinaí II con Israel, para contrapesar el creciente poder de Siria. Egipto envió al Líbano a sus unidades del Ejército Palestino de Liberación –que se enfrentaron a las del EPL bajo control sirio– y convocó una reunión de urgencia de la Liga Árabe, en la que se decidió enviar una Fuerza Árabe de Paz, al mando de un general egipcio. Los cascos verdes comenzaron a llegar a Beirut a finales de junio.

21.- Los israelíes habían comenzado a ayudar a algunas localidades del Sur, cercanas a la frontera, que pidieron armas y suministros a principios de 1976 para defenderse de los palestinos. La colaboración con las milicias derechistas fue casi simultánea.

22.- El tono de la entrevista de Kamal Jumblat, primero, y Arafat, después, fue enormemente bronco, a juzgar por las palabras que figuran en los libros, citados anteriormente, de Jumblat y Pakraduni.

Milicianos cristianos en el barrio chiíta de Nabaa.

Los líderes del Frente Libanés, Camille Chamun y Pierre Gemayel, recibieron la intervención siria como un mal menor frente a una eventual victoria palestina, aunque esta opinión no fue unánime. Bashir Gemayel y algunos oficiales de milicias se opusieron frontalmente. El Secretario de Estado norteamericano, Henry Kissinger, apoyó la intervención siria[23] y convenció a Isaac Rabin que no interfiriera. El primer ministro israelí puso varias condiciones: el ejército sirio no debía pasar al sur del río Zahrani y debía limitar sus fuerzas a las estrictamente necesarias, con exclusión de la fuerza aérea.

El acuerdo tácito de línea roja entre Siria e Israel permitió al ejército sirio desplegarse en las regiones del MNL y la OLP, excepto en el Sur del Líbano. El alivio de la presión sobre el Frente Libanés por la intervención siria le permitiría llevar a cabo sus siguientes objetivos. La toma de los pequeños enclaves de Dbaye y Karantina en enero de 1976 había asegurado la carretera costera y evitado el cerco del sector cristiano de la capital. Sin embargo, todavía quedaban los enclaves de Nabaa, Jisr al-Basha y Tal al-Zaatar, defendidos por unos 3500 guerrilleros: una hemorragia para la moral y la seguridad de Beirut oriental. Su conquista representaría la fase más virulenta de la Guerra de los Dos Años.

La batalla de Tal al-Zaatar

Las milicias cristianas tenían graves carencias y no estaban preparadas para una ofensiva en terreno urbano. Habían logrado alistar a muchos voluntarios, en su mayoría civiles muy motivados, pero con escasa instrucción militar. Carecían de una estructura de mando unificada –aunque hubo una coordinación informal entre ellas– y los delitos y actos de indisciplina eran habituales. La alianza secreta con Israel y la ayuda de un sector del ejército libanés resolvió en buena medida la escasez de armas ligeras y municiones, pero nada hacía pensar que el Frente Libanés estuviera en condiciones de expulsar a la OLP de Beirut oriental en solitario.

Carro del ejército libanés en Tal al-Zaatar. Las tropas libanesas del cercano cuartel de Fayadiye se unieron a la ofensiva derechista.

23.- La entente sirio-norteamericana hacía cundir entre los grupos palestinos y la derecha cristiana una teoría de la conspiración por la que Estados Unidos quería resolver, a costa del Líbano, la cuestión palestina y la ocupación israelí de los Altos del Golán, ofreciendo como compensación una patria de sustitución a los palestinos en el Líbano y a Siria la tutela de su vecino. Israel también recibiría su parte anexionando o reteniendo indefinidamente el territorio libanés al sur del río Litani.

Combatientes derechistas durante el cerco de Tal al-Zaatar.

El 4 de enero de 1976, trescientos milicianos del Partido Nacional Liberal se desplegaron en torno a los campamentos palestinos de Jisr al-Basha, Tal al-Zaatar y el barrio chiíta de Nabaa, en un intento de detener las incursiones palestino-izquierdistas en los vecindarios cristianos. Los palestinos habían intentado romper el cerco tres días después con el ataque de un millar de fedayín desde Beirut occidental a través de la Línea Verde, pero fueron rechazados. Poco después se unieron dos centenares de milicianos de la Organización Libanesa y de los Guardianes de los Cedros, pero si bien podían taponar las salidas de los guerrilleros, nada podían hacer contra los disparos de la artillería palestina y fracasaron en sus intentos de romper las líneas de defensa.

La situación cambió cuando, el 22 de junio, fracasaron las negociaciones para evacuar los campamentos palestinos de Beirut oriental. Al menos medio millar de milicianos falangistas se unieron al cerco[24], junto a las unidades del ejército libanés que habían intervenido en favor de las milicias derechistas en la fase final de la Batalla de los Hoteles. El comandante Fuad Malek y el coronel Antoine Barakat planificaron la ofensiva y aportaron piezas de artillería y carros de combate.

El campamento de Jisr al-Basha estaba en terreno llano junto al río Beirut y tenía escasas posibilidades de defensa. Tras varios asaltos, cayó el 29 de junio y los supervivientes fueron evacuados por la Cruz Roja. Nabaa era un vecindario de edificios de varias plantas y casuchas, cuya trama dificultaba enormemente el avance de los derechistas y le causó muchas bajas. El barrio fue ocupado finalmente el 6 de agosto, tras un acuerdo entre los falangistas y el imán Musa al-Sadr, jefe de AMAL.

Bashir Gemayel y sus oficiales inspeccionan Tal al-Zaatar tras la caída del campamento.

24.- Las cifras de los milicianos derechistas que atacaban los enclaves palestino-izquierdistas de Beirut oriental oscilan entre los 2000 y los 5000.

El campamento de Tal al-Zaatar (colina del tomillo) estaba emplazado en una loma. Antes de la guerra, los palestinos habían hecho del campamento una fortaleza. Almacenaron un buen número de armas, y construyeron refugios y un sistema de túneles y trincheras. Los milicianos derechistas efectuaron su ataque sobre Tal al-Zaatar en tres ejes mal coordinados. A finales de julio, el campamento quedó reducido a escombros y la situación humanitaria era crítica. Los fedayín y los civiles se concentraban en el refugio central. La evacuación de los heridos y civiles por la Cruz Roja estuvo complicada por francotiradores y constantes incidentes. La llegada de periodistas internacionales hizo que la opinión pública occidental se fijara en el campamento. Una vez más, la dimensión política de la resistencia palestina eclipsó su importancia militar y la imagen de Tal al-Zaatar como el Stalingrado palestino tuvo éxito en la izquierda occidental y el mundo árabe. El Frente Libanés perdió la batalla de la imagen mientras sus milicias vencían[25]. El 12 de agosto, los libaneses tomaron el último bastión palestino de Beirut oriental, tras 52 días de asedio y 70 asaltos.

Milicianos cristianos en las trincheras.

Los últimos combates

La toma de Tal al-Zaatar fue celebrada como una gran victoria. Quedaba eliminado el último y más peligroso enclave enemigo en el territorio derechista, conocido como 'reducto cristiano', 'región Este' o 'zona libre'. Sin embargo, ambos bandos continuaron presionando con fuertes bombardeos en Beirut y la cuña de Dhour el Choueir, al norte de la carretera Beirut-Damasco.

El 13 de agosto, los sirios intentaron tomar Hammana, en la principal carretera entre la cuña de Dhour el Choueir y el territorio izquierdista. El 16, los cristianos

25.- No ha habido una investigación oficial sobre el coste de la batalla. Varios autores, entre ellos el falangista Joseph Saade, afirman la existencia de ejecuciones tras la caída del campamento. Esto no contradice la evacuación a Beirut occidental de un millar de civiles palestinos que había huido al barrio cristiano de Decuane, así como la existencia de prisioneros: «La delegación del Comité Internacional de la Cruz Roja (…) pudo efectuar una visita a unos 80 combatientes palestinos en manos de los falangistas» («Actividades exteriores: Oriente Medio, África, América Latina, Asia, URSS» en Revista Internacional de la Cruz Roja, nº9, septiembre de 1976, p. 482).

Devastación en el centro de Beirut.

Un niño camina sobre las trincheras en Nabaa.

iniciaron una contraofensiva en el sector. Los esfuerzos diplomáticos fracasaron, hasta que el 23 de septiembre expiró el mandato de Franyié y Arafat declaró el alto el fuego mientras el nuevo presidente, Elias Sarkis, tomaba posesión.

Un incidente reinició la lucha tres días después: un comando palestino tomó un hotel de Damasco. Las fuerzas de seguridad sirias entraron y ejecutaron a los terroristas. Éstos pertenecían a un grupo opositor a Arafat, pero la furia del presidente Asad no hizo distinciones y el 28 de septiembre, las tropas sirias atacaron y desalojaron completamente a las Fuerzas Unidas de la cuña de Dhour el Choueir. Era el fin de la Ofensiva de la Montaña. El 13 de octubre, tras feroces combates, los sirios tomaron Bhamdún, la última ciudad cristiana al norte de la carretera Beirut-Damasco que retenían las Fuerzas Unidas.

Seguidamente, se dirigieron contra Aley, principal base del Movimiento Nacional en la zona. Arafat, angustiado, pidió ayuda a las cancillerías árabes y a la URSS.

La diplomacia saudí hizo un llamamiento a Damasco para una reunión en Riad y, para sorpresa de todos, Asad aceptó. El cese de las hostilidades tuvo efecto el 16 de octubre. La Guerra de los Dos Años, con un resultado estimativo de 30 000 muertos, había finalizado.

La imposible pacificación

Las milicias derechistas recibieron el apoyo de otros cristianos del Próximo Oriente, como estos voluntarios asirios.

La cumbre de Riad tuvo lugar del 16 al 18 de octubre de 1976, con la asistencia de los jefes de Estado de Egipto, Siria, Líbano, Kuwait y Arabia Saudí, junto al secretario general de la OLP, Yaser Arafat. El aparente objeto de la cumbre era la crisis libanesa, pero el interés saudí en la reconciliación entre Siria y Egipto era evidente.

El nuevo presidente libanés, Elias Sarkis, defendió firmemente la soberanía libanesa y responsabilizó a la OLP de la crisis. Sin embargo, como muestra de la contradictoria política libanesa, dejó en manos de los países árabes la seguridad nacional al pedir que las tropas sirias en el Líbano continuaran ocupando el país, bajo el paraguas de la Liga Árabe, para desarmar a las milicias y garantizar la imposible aplicación del Acuerdo de El Cairo.

Arafat acusó a la derecha cristiana libanesa de complicidad con el sionismo y se enfrentó al presidente Asad al exigir la retirada siria del Líbano y la mediación de la Liga Árabe en cualquier conflicto entre la OLP y el Estado libanés. Como era previsible, Asad no iba a ceder a Arafat su tutela sobre el Líbano y le acusó de querer destruir la soberanía libanesa[26].

El presidente egipcio, contra todo pronóstico, se puso de parte de Siria y abroncó a Arafat en términos amenazadores. Se acordó que las tropas árabes enviadas en el verano como Fuerza Árabe de Paz continuaran indefinidamente en el Líbano con el nuevo nombre de Fuerza Árabe de Disuasión (FAD). Las tropas sirias eran el grueso de estas fuerzas, así que la FAD daba un carácter oficial a la influencia damascena. Aunque la FAD estaba, sobre el papel, bajo el mando del presidente libanés, se aceptó la propuesta de Sadat que aquél estuviera asistido por un Comité Cuatripartito formado por representantes de Siria, Egipto, Kuwait y Arabia Saudí. La humillante tutela era, en la práctica, el reconocimiento árabe del protectorado sirio sobre el Líbano.

Una imagen del caos libanés: un hombre, asesinado frente a la sede de las Fuerzas de Seguridad Interior.

La Conferencia de Riad fue un ejemplo de la importancia del factor internacional en la crisis libanesa y de una *realpolitik* en la que los intereses particulares primaban sobre cualquier otro factor y encubrían la utilización de los más débiles –la OLP y el Líbano– como moneda de cambio. El presidente Sadat se marchó satisfecho del reconocimiento tácito de sirios y saudíes de sus negociaciones con Israel a cambio de absolver a Asad de su ataque contra la OLP, darle

La Fuerza de Disuasión Árabe se despliega en Beirut.

26.- Según el presidente sirio, «Lo que reclama Arafat es la dimisión del Estado libanés. Quiere retirarle toda autoridad en cuanto a la ejecución del Acuerdo de El Cairo, para confiar esta potestad a la Liga Árabe. Es un intento sin precedentes contra la soberanía de un Estado árabe. Es anormal instituir una autoridad superior a la del presidente de la República Libanesa… La Resistencia palestina no tiene derecho a crear un Estado dentro de otro Estado» (PAKRADOUNI, K. op. Cit., p. 53). El texto se aplicaba a Arafat, no a él mismo, evidentemente.

manos libres en el Líbano y desembarazar definitivamente a su país de su papel de cabeza del frente árabe antiisraelí. Asad recibió encantado el puesto que abandonaba Sadat, junto a la tutela sobre el Líbano y, de paso, el movimiento palestino. Saudíes y kuwaitíes se mostraban satisfechos de cerrar la escisión sirio-egipcia. En cuanto al presidente Sarkis, obtenía la garantía de que la FAD iba a ayudarle a reconstruir el país.

En el mes siguiente a la reunión de Riad, los sirios concluyeron la ocupación de Beirut y continuaron desplegándose por los territorios de ambos bandos. Las deliberaciones de la reunión de Riad fueron apoyadas por la cumbre de la Liga Árabe en El Cairo del 25 y 26 de octubre, con la única oposición de Libia e Irak.

Lo que ocurriría en el futuro fue advertido por Ariel Sharon, en aquel entonces asesor del Primer Ministro israelí, Isaac Rabin: «Mantuve que una vez que Siria se convirtiera en la fuerza dominante en el Libano, jamás veríamos nada parecido a la restauración de la autoridad central libanesa. Por el contrario, con el tiempo, Siria sería un escudo tras el que los terroristas de la OLP se harían cada vez más fuertes… (Los sirios) habían luchado contra la OLP, le habían causado fuertes pérdidas y la mantenían bajo su control. Pero en octubre de 1976, los sirios decidieron que tenían más que ganar buscando una convivencia con la OLP que eliminándola. El acuerdo alcanzado en este punto en la Conferencia de Riad marcó el comienzo de una nueva era dorada para los terroristas en el Sur del Líbano»[27].

En los meses siguientes irían tomando forma las predicciones del general hebreo, mientras la vida del país renacía. Las líneas aéreas y marítimas con el exterior retomaron su actividad, los comercios reabrieron sus puertas y la sensación de paz se adueñaba del ambiente. Sin embargo, varios hechos oscurecían el optimismo general.

El Sur del Líbano no fue ocupado por los sirios y permanecía separado del resto del país. El grueso de los fedayín fue enviado allí para continuar hostigando a los israelíes y a su aliado libanés, el Ejército del Líbano Libre (ELL) del mayor Saad Hadad, más conocido por el nombre que adoptó a partir de 1984, el Ejército del Sur del Líbano. Por otra parte, los asesinatos y masacres esporádicas continuaron siendo habituales en todo el territorio. El despliegue de la

El presidente libanés Elias Sarkis –con traje blanco– intentó la pacificación de su país, el desarme de las milicias, la reconstrucción del Ejército, la retirada de las fuerzas extranjeras y la restauración del Estado durante su mandato (1976-1982).

Página siguiente, abajo. Cartel del Partido Socialista Progresista sobre el asesinato de Kamal Jumblat. El jefe del Movimiento Nacional Libanés –alianza de fuerzas revolucionarias– fue probablemente asesinado por agentes sirios en su proyecto de domesticar a la izquierda libanesa y el movimiento palestino.

27.- SHARON, A., Warrior. An autobiography, pp. 346-47. Touchstone, New York, 1989.

انكشف خداعكم وسينتصر الحق

Cartel derechista que denuncia la presencia de la Fuerza Árabe de Disuasión como un caballo de Troya sirio.

FAD, bien acogido en las zonas musulmanas, en cambio, levantó huelgas y protestas en el territorio cristiano.

La primera reunión del Comité Cuatripartito, en diciembre de 1976, elaboró un programa de medidas. En primer lugar, las unidades regulares del Ejército Palestino de Liberación debían volver a sus bases en Siria y Egipto, junto a los mercenarios enviados desde Irak y otros países árabes. Simultáneamente, la FAD debía ocupar el territorio libanés y garantizar que los fedayín se retiraran a los lugares asignados por el Acuerdo de El Cairo –campamentos de refugiados y las bases del Sur–. Finalmente, las milicias debían entregar sus armas. Todos los puntos se cumplieron en apariencia, a excepción del último. Las milicias entregaron material inservible o sobrante, pero conservaron el grueso de su armamento, incluido el que habían saqueado de los arsenales del ejército libanés. No estaban dispuestas a desarmarse: el presidente Sarkis dio orden escrita a la FAD de que le fueran entregadas las armas de la OLP, como paso previo a la entrega de las armas de las milicias libanesas, pero los palestinos se negaron, con el apoyo de Egipto, Arabia Saudí y Kuwait. Los palestinos e izquierdistas demandaban una reforma política previa al desarme, mientras los derechistas no aceptaban una reforma bajo la amenaza de las armas y pedían, como condición previa, la restauración de la autoridad del Estado y la evacuación de las tropas extranjeras.

Sarkis estaba convencido de que las milicias derechistas eran el gran obstáculo para que los musulmanes libaneses volvieran a confiar en el Estado libanés y abandonaran cualquier nueva tentativa de apoyarse en la OLP contra éste. Puso a Selim Hoss al frente de un nuevo gobierno de tecnócratas, apoyado por Damasco.

En el Frente Libanés, Bashir Gemayel y Camille Chamún desconfiaban abiertamente de Siria y veían al gobierno de Sarkis como una pieza del caballo de Troya que Damasco había estado introduciendo en el Líbano, primero, con las milicias palestinas e izquierdistas y, posteriormente, con la FAD. Las aprensiones parecían confirmarse con la destitución del general Hanna Said –simpatizante del Frente Libanés– de la jefatura del Ejército libanés y el nombramiento del moderado general Victor Khoury. En realidad, ninguno de ambos mandaba un ejército, sino un reducido remanente, recluido en sus cuarteles y sin capacidad para impedir el rearme de las milicias.

La tutela siria

En el periodo posterior a la Conferencia de Riad, el presidente sirio no mostró intención de eliminar a los grupos armados de palestinos e izquierdistas libaneses, sino someterlos y utilizarlos. En diciembre de 1976, la milicia prosiria al-Saiqa retomó sus habituales escaramuzas con otras facciones palestinas. Estas luchas eran los preparativos de la XII reunión del Consejo Nacional Palestino, que tendría lugar en marzo de 1977 en El Cairo. Los grupos prosirios de la OLP (al-Saiqa y el FPLP-Mando General de Ahmed Jibril) y los delegados de los territorios ocupados intentaron, sin éxito, quitar a Arafat y a los grupos de fedayín el control de la organización. El fracaso de la jugada siria no supuso su retirada de la partida por el control del movimiento palestino.

La política de domesticación siria fue más contundente con los izquierdistas libaneses. En enero de 1977, la FAD detuvo al teniente Ahmed Jatib, jefe del rebelde Ejército Árabe Libanés. Dos meses después, el jefe del MNL, Kamal Jumblat, murió en un atentado planeado probablemente por la Inteligencia siria. Un centenar de civiles cristianos fue asesinado por los partidarios de Jumblat en represalia. El sucesor de Kamal, su hijo Walid, era un dirigente mucho menos carismático y más maleable. Para rematar, Siria construyó una coalición izquierdista alternativa y favorable a su política libanesa, el Frente Nacional, en torno al chiíta Movimiento de los Desheredados (más conocido por el nombre de su milicia, AMAL) del imán Musa Sadr.

Tropas sirias de la FAD en la capital libanesa en 1977.

En el verano de 1977, el presidente Sarkis firmó con Siria el Acuerdo de Shtaura, que fijaba con mayor precisión el despliegue sirio y preveía la reconstrucción de las fuerzas de seguridad libanesas. El régimen de Damasco contaba con el apoyo de partidos y milicias, tanto en la izquierda musulmana (Frente Nacional), como en la OLP (al-Saiqa, FPLP-MG) y la derecha cristiana (Franyié). Pero, sobre todo, Siria contaba con la confianza de la Presidencia de la República, que daba una apariencia de legitimidad a su protectorado efectivo en el

Líbano. La situación de tensión y violencia esporádica se enquistó[28]. Las milicias no abandonaron sus respectivas zonas de ocupación; únicamente dejaron de combatir y, además, se rearmaron.

A finales de 1976, Damasco había conseguido sus objetivos. Ningún país árabe ni occidental, ni siquiera Israel, se oponía a su presencia indefinida en el país de los cedros. Las fuerzas que se le oponían en el interior del Líbano estaban neutralizadas. Sin embargo, en el siguiente periodo de la Guerra del Líbano, el que va de 1976 a 1982, la pax siriana entraría en crisis por varios factores: en primer lugar, la defección del presidente Sarkis del campo prosirio entre 1978 y 1980; segundo, por la constitución de un fuerte poder de oposición, político y militar, en la derecha cristiana bajo el liderazgo emergente de Bashir Gemayel; y en tercer lugar, por el acercamiento y posterior alianza, de signo antisirio, entre la derecha cristiana y la legalidad, culminada por la elección de Bashir Gemayel como presidente de la República en 1982. Finalmente, un factor marginal, el rescoldo de la Guerra del Sur, un incendio aparentemente controlado que iría extendiéndose hasta provocar la invasión israelí de 1982.

Guerra en el Sur

El mayor del Ejército libanés Saad Hadad (izquierda) formó en 1976, con ayuda de Israel, una milicia antipalestina en el Sur del Líbano: el Ejército del Líbano Libre, rebautizado en 1984 como Ejército del Sur del Líbano.

Aunque los combates habían acabado en la mayor parte del país, la guerra continuó en el Sur. El territorio libanés al sur del río Zahrani –la línea roja señalada por los israelíes– estaba libre de tropas de la FAD. Paradójicamente, el veto israelí a la ocupación siria de la zona equivalía a dejarla en manos de las Fuerzas Unidas. El Sur estaba separado del resto del país y el Estado libanés carecía de medios para reintegrarlo. Los sirios aprovecharon la situación para librarse de muchos guerrilleros de la OLP, enviándolos allí y, de paso, usarlos para hostigar a Israel. El incremento de los efectivos palestinos en el Sur hizo que se multiplicaran los incidentes, no solamente entre palestinos e israelíes, sino también entre los fedayín y la población local, de mayoría chiíta. Elementos chiítas locales, entre ellos miembros de AMAL, formaron un Comité de Defensa de las Poblaciones del Sur, se armaron y se enzarzaron en esporádicas escaramuzas con los palestinos. Unos 60 000 chiítas abandonaron la zona, escapando de los desmanes palestinos y

28.- Llamamos violencia esporádica a los tiroteos y combates de corta duración, atentados y masacres de civiles en poblaciones aisladas a manos de las milicias, que si bien no fueron tan graves como durante la guerra, fueron una hemorragia constante. En octubre de 1976 fueron asesinados 65 cristianos en Aishiya y 14 en Maaser-Beiteddine; en marzo de 1977 fueron asesinados más de un centenar de cristianos en la región del Chuf; en agosto del mismo año, otros veinte fueron ejecutados por los palestinos en Brih.

los bombardeos israelíes. Los notables musulmanes del Sur fueron los primeros en reclamar la retirada de los fedayín y el despliegue del Ejército, pero ya era demasiado tarde.

Los cristianos eran minoritarios en aquella región, excepto en la comarca de Marjayún. Los palestinos cometieron desmanes contra ellos, pero no pudieron impedir que organizaran pequeños grupos de defensa local. Durante la Guerra de los Dos

Años, cuando se produjo la disolución del Ejército libanés, el mayor Saad Haddad formó la Fuerza de Defensa del Sur del Líbano (FDSL), una reducida milicia en su ciudad natal de Marjayún. Haddad estableció una alianza con Israel y recibió armas a través de la frontera. La FDSL se había reforzado con pequeños contingentes de civiles, cristianos y musulmanes, que querían defender sus poblaciones. Entre enero y septiembre de 1977, la guerra entre las Fuerzas Unidas y la milicia de Haddad llegó a su apogeo.

Yaser Arafat, secretario general de la Organización para la Liberación de Palestina (OLP) y de su principal miembro, el partido-milicia al-Fatah. Arafat y sus aliados en el seno de la OLP intentaron mantener a la coalición palestina independiente de los dictados de Damasco.

El triunfo del Likud

En las elecciones de junio de 1977 triunfó, por primera vez, la derecha israelí, agrupada en la coalición Likud, apoyada sobre todo por los israelíes de origen español –Ariel Sharon habla de una revolución sefardí–. El nuevo gobierno, presidido por el antiguo terrorista Menahem Begin, había incorporado a figuras del movimiento Shlomzion (Paz para Sión), como Ariel Sharon, héroe de la Guerra de Yom Kippur, y Moshé Dayan, como ministro de Exteriores.

El Likud era heredero del sionismo revisionista y propugnaba la consecución del Eretz Israel, el Gran Israel del rey David. Begin creía que continuar la política israelí de autolimitación en el Líbano era exponer el flanco norte a los ataques palestinos. No creía que los palestinos fueran a cumplir su palabra de abandonar su santuario del Sur del Líbano, ni creía en la capacidad del ejército libanés de contenerlos. Tampoco confiaba en la voluntad de los árabes en alcanzar un acuerdo, aunque no dejó de invitar a sus vecinos a reunirse en una conferencia de paz. Ciertamente, después de cuatro derrotas, y dejando de lado la retórica oficial, ningún país árabe

El fundador de las Falanges Libanesas, Pierre Gemayel, con su hijo Bashir.

El ministro de Defensa, Ariel Sharon, y el primer ministro israelí, Menahem Begin. La formación de un gobierno derechista israelí en 1977 impulsó una política intervencionista hebrea en el Líbano.

albergaba esperanzas reales de vencer a Israel. No obstante, ninguno quería o se atrevía a firmar un tratado de paz por separado.

Begin era un político práctico, expeditivo y desprovisto de miramientos en la cuestión de la seguridad de su país. Enunció una nueva doctrina para la política árabe de Israel, basada en el principio de reciprocidad y en la negativa a buscar el reconocimiento del derecho a la existencia del Estado de Israel, que se justificaba en la concesión divina hecha a Moisés[29]. La única protección para Israel era su capacidad de derrotar a sus enemigos, no el reconocimiento internacional.

La primera invasión israelí: Operación Litani

El nuevo gobierno puso en práctica sus promesas electorales en marzo de 1978, cuando tuvo lugar la matanza de la carretera de la costa. Un comando palestino se infiltró en Israel y secuestró un autobús, dirigiéndose por la ruta costera hacia Tel Aviv y matando a los 37 civiles que encontró a su paso, antes de ser abatido. Este crimen dio pie a una intervención directa en el Líbano.

La Operación Litani fue la primera invasión del Líbano por la Fuerza de Defensa de Israel (FDI). 25 000 soldados hebreos penetraron en territorio libanés hasta el río Litani y destruyeron las posiciones palestinas. Aunque fue ejecutada con éxito, la invasión no causó un daño permanente a la OLP. La FDI renunció a la toma de Tiro para evitar que se dispararan las bajas entre sus tropas y la población civil –un millar de civiles murió durante la invasión–. Tiro era la mayor ciudad del Sur y un bastión de la OLP. La mayor parte de los fedayin pudo huir con sus armas o se refugió en Tiro. Cuando se retiraron los israelíes, los palestinos reconstruyeron sus posiciones y arsenales. El único éxito duradero para los israelíes fue la ampliación de la zona dominada por la milicia de Haddad, rebautizada como Ejército del Líbano Libre (ELL). Se incrementó la ayuda militar al ELL, proporcionándole armas ligeras y entrenando a sus

Operación Litani (1978). Las tropas israelíes cruzan la frontera libanesa.

29.- Discurso en el Knesset, 21 de junio de 1977, cit. en CHAMOUN, C., p. 19.

hombres. La zona del ELL se extendía a lo largo de la frontera, con una profundidad de unos diez kilómetros, y un corredor que llegaba hasta el río Litani. Esta franja de seguridad, como llamaban los israelíes a la zona del ELL, era un parachoques para los asentamientos del norte de Israel. Tras la retirada, el Ejército israelí mantuvo una pequeña fuerza repartida en diez puestos fortificados en territorio libanés.

Aunque la colaboración con el ELL respondía a la nueva política israelí de jugar con sus propios peones en la guerra libanesa, la presencia permanente del destacamento hebreo en la zona de Haddad y la proclamación del Estado del Líbano Libre por éste en 1978, desligado de Beirut, parecían retomar la vieja aspiración sionista de dominar las fuentes del Jordán y llevar la frontera hasta el Litani[30] mediante la creación de una entidad satélite en el Sur del Líbano.

La colaboración entre las Fuerzas Libanesas e Israel se estrechó durante los gobiernos de Menahem Begin.

De acuerdo con las resoluciones 425 y 426, una fuerza de entre 6000 y 7000 cascos azules, conocida como Fuerza Interina de las Naciones Unidas en el Líbano (FINUL o UNIFIL), se desplegó, a petición del gobierno libanés, en el territorio evacuado por la FDI. Como Tiro no fue ocupada por la FDI y continuó en manos de la OLP, la FINUL no se desplegó en la capital sureña. Para el general Eitan, jefe del Mando Norte israelí y comandante en jefe de la FDI

después de la Operación Litani, éste fue el gran error que posibilitó a la OLP tener a tiro la región israelí en torno a Nahariya. Desde el principio, la FINUL se encontró con numerosos problemas para su despliegue.

Las Fuerzas Libanesas se consideraban la defensa de la comunidad cristiana y aspiraban a vertebrar una Resistencia nacional libanesa.

30.- El movimiento sionista había reivindicado el Sur del Líbano con varias propuestas de demarcación entre la Palestina británica y el Líbano francés tras la desmembración del Imperio Otomano: la Línea Sacher (1916) y la propuesta oficial de la Organización Sionista Mundial (1919) señalaban el río Awali (al norte de Sidón) como frontera entre el futuro Estado judío y el Líbano.

La situación internacional

La ciudad de Ehden, feudo de los Franyie, fue el objetivo de una desastrosa operación de represalia falangista que finalizó con el asesinato de Tony Franyie y su familia.

A mediados de 1977, la cuestión libanesa estaba prácticamente fuera de la agenda de las cancillerías. El presidente Sarkis, a pesar de las críticas del Frente Libanés, había excluido a Estados Unidos y a Francia del proceso de pacificación, dejándolo en manos de la Liga Árabe, que, a su vez, lo cedió a Siria. El gobierno libanés se encontró con nuevos problemas en sus relaciones con las cancillerías árabes: Libia e Irak mantenían una postura propalestina y antigubernamental; Egipto estaba totalmente absorbido por sus negociaciones secretas con Israel y firmaría al año siguiente los Acuerdos de Camp David. La defección egipcia del frente árabe antiisraelí y la renuncia al panarabismo del régimen de Sadat cambiaron radicalmente la política árabe y reorientaron a los suníes, tan apegados al nacionalismo árabe, hacia el islamismo. Por su parte, saudíes y kuwaitíes habían impulsado la Conferencia de Riad, pero ahora se mostraban reticentes mientras no se diera satisfacción a las reivindicaciones musulmanas.

La pérdida del Norte tras la defección de los Franyie del Frente Libanés.

Sadat, Carter y Begin en los Acuerdos de Camp David.

La ruptura del Frente Libanés

El agotamiento del proceso de paz iniciado en la Conferencia de Riad se hizo evidente con incidentes entre sirios y cristianos que confirmaron la inversión de alianzas. En mayo de 1977, milicianos falangistas bajo el mando de Samir Geagea se enfrentaron en una escaramuza con soldados sirios en Deir Billa, en el norte del reducto cristiano, en la que murieron veinte miembros de la FAD.

De nuevo estalló la lucha el 7 de febrero, cuando los sirios instalaron un puesto de control junto al importante cuartel de Fayadiye, cercano al Ministerio de Defensa. Los militares libaneses lo consideraron una ofensa, conminaron a los sirios a retirarse y la disputa acabó en un tiroteo con varios muertos en ambas partes. Lejos de apaciguarse los ánimos, al día siguiente aparecieron más fuerzas

Bashir Gemayel, con el banderín de las Fuerzas Libanesas sobre la mesa.

sirias en torno al cuartel y la lucha se repitió. Los milicianos del Partido Nacional Liberal de los barrios vecinos se unieron espontáneamente a la lucha cuando comenzaron a hostigar a las fuerzas que rodeaban el cuartel. Los sirios, a su vez, ampliaron el bombardeo sobre Fayadiye a los barrios cristianos de Beirut. El conflicto duró tres días, con más de un centenar de muertos.

La ruptura del Frente Libanés con Siria ocasionó, a su vez, una escisión en su seno. El expresidente Soleimán Franyié reafirmó su apoyo a la presencia de la FAD y criticó los contactos con Israel del Frente Libanés. La milicia mandada por su hijo Tony, la Brigada Marada o Mardaíta[31], dominaba la zona norte del reducto cristiano, en torno a las ciudades de Zghorta, Ehden y Chekka. La creciente presencia y apoyo popular a las Falanges Libanesas en el sector ponía en peligro los ingresos que los Franyié obtenían de lo que consideraban su feudo, de modo que exigieron la retirada de la milicia falangista. Las tensiones fueron en aumento, hasta que el asesinato del dirigente falangista local Jud Bayeh por los pistoleros de Franyié hizo estallar la guerra abierta.

Las disensiones entre las Fuerzas Libanesas y Siria condujeron a la ruptura del Frente Libanés y a la defección de la Brigada Mardaíta, la milicia privada de Tony Franyie (en la imagen), hijo del prosirio expresidente Soleimán Franyie.

En la madrugada del 14 de junio, una fuerza falangista de quinientos hombres al mando de Samir Geagea atacó por sorpresa Ehden. Los objetivos eran, en primer lugar, destruir la residencia de verano de Tony Franyié, presunto responsable intelectual del asesinato de Jud Bayeh, y ocupar Ehden hasta que les fueran entregados los autores materiales del crimen. Sin embargo, los resultados fueron muy diferentes: los falangistas lograron atrapar a Franyié en su residencia, pero fracasaron en su intento de ocupar la ciudad. A lo largo de la jornada, la Brigada Mardaíta y las tropas sirias comenzaron a cercar Ehden y los falangistas tuvieron que retirarse desordenadamente para no quedar atrapados, no sin antes asesinar a Tony Franyié, a su mujer y su hijo. La operación fue un desastre político y militar para las Fuerzas Libanesas[32]. El expresidente Soleimán Franyié abandonó el Frente Libanés y cerró filas con Siria.

31.- Los mardaítas fueron un pueblo cristiano de la montaña libanesa que resistió durante décadas al Califato de Damasco. Algunos autores lo han identificado con los maronitas. La milicia del clan Franyié es conocida por este nombre, y también con el de Ejército de Liberación de Zghorta (ELZ).

32.- La operación comenzó mal, al no encontrar los falangistas una población local presta a rebelarse contra los Franyié, como habían asegurado sus informadores. Bashir calificó el asesinato como «una lamentable iniciativa individual», pero respaldó la actuación de sus hombres y mantuvo en sus puestos tanto a Geagea como a Hobeika.

ZONAS DE INFLUENCIA MILITAR, 1976-1982

MAR MEDITERRÁNEO

TRIPOLI

BATROUN

BSHARRE

JBEIL

BEIRUT

JOUNIEH

BIKFAYA

ZAHLE

DAMOUR

SIDON

SIRIA

TYRE

BENT JBEIL

ISRAEL

	Fuerzas libanesas
	Control sirio
	OLP y aliados
	Ejército del Líbano Libre
	UNIFIL